잭팟 아이디어

잭팟 아이디어

비즈니스 전투력을 키워주는 아이디어 엔지니어링 북

김시래 지음

블루닷

머리말

말리면 시래기, 버리면 쓰레기

내 성장기의 배경은 가난한 동네의 시장통이었다.
찬바람이 불기 시작하면 어머니께선 시장에서 나온 무청들을 거두어
양지 바른 곳에 널어놓곤 하셨다.
"볕만 있으면 이게 다 양식이여……."
나는 지금도 추운 겨울밤 가족들이 둘러앉은 밥상 위에
은근히 퍼지던 그 시래깃국의 냄새를 잊지 못한다.
훗날 나를 광고의 세계로 이끈 것 또한 어머니의 그 '시래기 철학'이었다.

'말리면 시래기, 버리면 쓰레기!'
이 광고로 모 언론사가 주관하는 광고대상 장려상을 수상하고
그것이 계기가 되어 광고계에서 스무 해 넘게 밥벌이를 하고 있으니,
나와 시래기의 인연은 참으로 깊고도 질기다 하겠다.

오죽하면 이름에도 시래기 냄새가 배어 있겠는가.
요컨대 아이디어가 그렇다.
볕에 널어 잘 말려보라.
컴퓨터 바탕화면의 휴지통에 버려질 생각들이 기획안에 정리된다.
무심코 버려지는 생각의 쓰레기더미 속에 아이디어가 있다는 것이다.
돌멩이 속에서 아름다운 빛깔을 발견해내는 눈을 가진 이들이
자신의 일상을 광산으로 만들고 마침내 다이아몬드를 캐내듯,
당신의 일상에 숨겨진 잭팟 아이디어가 빛을 발하길 기대한다.

차례

머리말 4

1 당신의 사과는 무엇인가?

세상의 중심에서 아이디어를 외치다 10 / 전략일까, 전술일까? 15 / 작고 사소한 것으로부터 18 / 이미지는 힘이 세다 28 / 고정관념은 당신의 인생을 고정시킨다 31 / 본 것을 믿을 것인가, 믿는 것을 볼 것인가 34 / 당신은 불합리하고 나는 무기력하다 37 / 섞고 흔들어라, 그리고 조합하라 40

2 아이디어 엔진 작동법

재즈에서 배우는 비즈니스 아이디어의 5요소 44 / 열정 45 / 관찰 47 / 상징화 54 / 구성 56 / 참여 58 / 아이디어 발상법① 투사법-나무에 숨겨진 숲의 진실 61 / 아이디어 발상법② 관점 전환법-맥락이 바뀌면 세상도 바뀐다 69 / 아이디어 발상법③ 역발상법-고정관념의 뒤통수를 쳐라 78 / 아이디어 발상법④ 감염법-인간의 오감은 이유를 묻지 않는다 92 / 전체를 꿰뚫는 능력과 디테일의 힘 94

3 마음을 훔치는 기술, 아이디어 트레이닝

여성적 감수성에 주목하라 100 / 인문학적 소재를 활용하라 105 / 당신의 꿈을 팝니다 113 / 상상과 창조는 질문을 먹고산다 115 / 삐딱하게 바라보기 117 / 학습시키고 인지시키고 기억하게 하라 121 / 끊임없이 혁명하라 123 / 마술처럼 유혹하라 124 / 보기 좋은 광고가 먹기에도 좋다 125 / 'passion' 못지않은 'fashion' 127 / 광고란 제품에 뿌리는 향수 129 / 삶의 결정적인 순간, 비주얼의 힘 131 / 하나의 이미지를 구축하라 133 / 감(感)하여 동(動)하게 하라 135 / 음악은 바이럴(Viral)의 원조다 138 / 광고는 커뮤니케이션 아트다 140 / 고객과 일촌 맺기 142 / 브랜드라는 러브 스토리 143 / 광고 같은 인생, 인생 같은 광고 145 / 잠자는 아이디어 깨우기 155 / 감성 시대와 스토리텔링 158 / 설득의 재구성 159 / 내 앞에 있는 자, 누구인가? 162 / 광고인의 말하는 법, SET 164

4 예술에서 배우는 빅 아이디어 발상법

소비자의 가슴속으로 들어가라 178 / 인간을 세상의 중심으로 만든 회화적 상상력 181 / 우상을 조롱하는 상상력, 시대를 비판하는 상상력 186 / 컨버전스 시대의 반항적 상상력 189 / 프랭크 게리, 도시를 바꾸는 상상력 195 / 낯설게 하기 200 / 가치와 재미에 치중하라 204

5 브랜드는 아이디어를 먹고산다

브랜드 콘셉트 잡기 210 / 찌꺼기 없는 휘발유-엔크린 212 / 긴 인생 아름답도록-삼성생명 214 / 잘 나갑니다-에쓰오일 222 / 당신을 보내세요-KTX 227 / 맛있게 맵다-해찬들 태양초 고추장 229 / 광고는 한마디의 슬로건을 남긴다 232 / '말'보다 '글' 235 / 스크랩, 세상을 보는 스크린 241 / 크리에이티브 만들기 242 / 데이터에서 아이디어로 245

빛나는 아이디어를 통해 고객의 꾸준한 사랑을 받고 있는 글로벌 브랜드 사례
사례1 현인지향, 나쁜 남자와 나쁜 브랜드는 매력적이다 252
사례2 코카콜라, 빨간 산타와 하얀 북극곰 256
사례3 네슬레, 전 세계인의 컵 속에 264
사례4 라스베이거스, 사막에서 낙원으로 269
사례5 스와치, 시계는 패션이다 271
사례6 아이디오(IDEO), 관찰의 힘을 믿는 디자인 컨설팅 회사 273
사례7 3M의 이노베이션 매니지먼트 276

1
당신의 사과는 무엇인가?

세상의 중심에서 아이디어를 외치다

아이디어라는 말이 지금처럼 귀에 딱지가 앉을 정도로 자주 들리던 시대도 없었다. 시간을 돌려 과거를 떠올려보자.

농업이나 어업이 주를 이루던 1차 산업 시대에는 아이디어라는 것이 그다지 필요치 않았다. 이런 산업이 중심인 시대에는 전통적이고 검증된 방식이 안전하기 때문이다. 작년과 다른 방식으로 모내기를 한다든가, 작년과 다른 곳에서 작년과 같은 고기를 잡기 위해 출어를 하는 식의 모험이란 오히려 어리석은 결과를 낳을 가능성만 높일 뿐이었다.

2차 산업 시대가 되면서부터는 사람들이 점차 아이디어의 중요성을 깨닫기 시작했다. 과학과 기술이 진보하고 새로운 생산 수단이 개발되면서, 그 핵심에 아이디어가 있다는 것을 알게 되었기 때문이다. 아이디어가 증기기관과 자동차, 전기와 전화를 만들어냈다. 아이디어는 자신들의 창안자들에게 부와 명성을 가져다주었을 뿐만 아니라 세상 자체를 바꾸어놓았다. 그렇다면 이 시대에는 누구나 아이디어를 만들어낼 수 있었을까? 아니다. 지식과 정보가 오늘날처럼 대중화되지 않았기에, 당시 아이디어를 낼 수 있는 사람들은 소수에 불과했다.

서비스 산업 중심의 3차 산업 시대를 지나 바야흐로 지식과 정보의 시대에 접어들었다. 이제 아이디어는 만인의 관심거리가 된 동시에 만인의 고통거리가 되었다. 개인과 기업을 막론하고 아이디어가 단연 화두다. 무엇이 우리 시대를 이렇게 만들었을까? 이전 시대와 오늘날은 무엇이 다를까?

우선 아이디어의 원천이 되는 지식과 정보가 만인에게 공개되었다는 점이다. 이제는 누구나 인터넷을 통해 지식의 바다, 정보의 바다에 언제 어디서든 접근할 수 있다. 그 안에서 모든 제품과 서비스가 낱낱이 비교되고 평가받는다. 이는 치열한 경쟁을 불러온다. 시장은 한정되어 있는데 경쟁은 지구촌 차원에서 이루어지는 것이다. 영역 다툼은 격렬해지고 누군가 얻는 것이 있으면 누군가는 잃는 것이 생긴다. 가진 것을 빼앗기지 않으려면 소비자들을 사로잡아야 하고, 그러기 위해서는 그들이 원하는 것 이상의 제품과 서비스를 제공해야 한다. 현기증이 날 정도로 빠르게 변화하는 세상 속에서 우리는 남보다 한발 더 앞서나가야 한다. 그러지 못하고 뒤처지게 될 경우 도태되고 만다. 그래서 아이디어가 필요하다. 새롭고 창의적이고 혁신적인 아이디어가 아니고는 경쟁에 참여할 기회조차 얻지 못한다.

지식과 정보의 시대가 되면서 소비자들의 욕구 역시 하루가 다르게 변하고 있다. 더 새롭고, 더 예쁘고, 더 편리하고, 더 혁신적인 제품과 서비스가 아니면 만족하지 못한다. 오늘날처럼 소비자들이 똑똑하고 부지런하고 까다로운 적도 없었을 것이다. 이들은 하나의 거대한 시장을 형성하는 사람들의 집합이면서 동시에 개개인이기도 하다. 따라서 기본적으로 욕구의 방향은 유사하되 구체적인 부분에서는 원하는 바가 천차만별이다. 기업들은 소비자들의 이런 다양한 요구를 충족시키기 위해 끊임없이 제품이나 서비스를 다변화하고자 한다. 하지만 파편적으로 흩어진 소비자 개개인의 욕구는 결코 충족되는 법이 없다. 방법은 하나, 소비자들이 미처 생각하지도 못했던 파격적인 제품과 서비스를 제공하는 것이다. 이때도 당연히 아이디어가 필요하다.

물론 모든 기업들이 이런 혁신적이고 파격적인 아이디어를 실현할 수는 없다. 새로 만들어지는 모든 드라마가 항상 신선하고 충격적일 수는 없으며 새로 만들어지는 자전거들이 그 이전의 자전거와 완전히 별개의 제품처럼 차별화를 꾀할 수는 없는 것이다. 그렇다면 남은 방법은 하나, 진부해진 기존의 제품과 서비스에 새로운 옷을 입히는 것이다. 디자인을 바꾸고, 소비자들의 이성에 호소하던 홍보 전략을 바꾸어 감성에 호소하고, 제품과 서비스에 새로운 의미를 부여하여 전에 없던 가치를 만들어내는 것이다. 이때 필요한 것은? 역시 아이디어다.

이처럼 시대가 바뀌면서 아이디어에 대한 요청은 사방에서 빗발친다. 기업에서만 아이디어를 필요로 하는 것도 아니다. 가정, 학교, 친목모임 등 사람들이 모이는 모든 곳에서 아이디어가 필요하다. 아이들이 학원에 빠지지 않게 만들 묘수(아이디어)도 찾아야 하고, 학생들이 수업에 집중할 수 있게 하는 교수법(아이디어)도 찾아야 하며, 회원들이 자발적으로 회비를 낼 수 있게 하는 묘안(아이디어)도 찾아야 하는 것이다. 막히는 길을 뚫고 제시간에 목적지에 도착하기 위해서도 남다른 방법(아이디어)이 필요하고, 누군가의 부탁을 거절하기 위해서도 그럴 듯한 시나리오(아이디어)가 필요하다. 도대체 아이디어 없이는 살 수 없는 세상, 그런 세상에 우리는 살고 있는 것이다.

아이디어 자체로 먹고사는 기업들의 경우에는 사정이 더욱 복잡해진다. 예컨대 방송국이나 필자가 일하는 광고 회사 같은 곳이 그렇다. 방송의 경우 예전에는 대본만 괜찮으면 두 자릿수 시청률도 식은 죽 먹기였다. 그러나 이제는 옛날 얘기다. 파격을 넘어 막장까지 다 본 시청자들을 사로잡기 위해선 시나리오 자체도 문제지만 그 밖의 측면에서도 혁신적인 아이디어가 넘쳐나지 않으면 살아남기 어려운 시대다. 당연히 방송국 사람들은 모이기만 하면 아이디어라는 말을 입에 달고 산다. 오전엔 아이디어 회의, 오후엔 아이디어 미팅, 저녁엔 아이디어 회식이 이어지는 식이다.

필자가 일하는 회사도 '창의적 탁월함Creative Excellence'이라는 기업 모토를 몇 년 전부터 '아이디어를 향한 열정Passion For Ideas'이라고 바꾸었다. 그만큼 아이디어가 대세고 회사의 핵심가치가 아이디어에 있다는 의미다. 그렇다면 그 이전의 기업 모토였던 창의성creative보다 아이디어가 더 중요한 것일까? 딱 잘라 말하기는 어렵지만 아이디어가 다급한 과제인 것만은 분명해 보인다.

몇 년 전만 해도 광고계의 화두로는 소위 인간의 깊은 내면을 들여다보는 '통찰insight'이라는 말이 유행이었다. 그러나 미디어가 세분화되고, 광고의 포지셔닝positioning 차별화가 점점 어려워지는 요즘엔 사람들의 심연으로 들어가기는커녕, 인터렉티브 툴interactive tool, 상호작용 도구이나 아웃도어 미디어outdoor media, 옥외 매체를 활용해서 즉각적으로 소비자들의 반응을 이끌어내는 마케팅 방법이 오히려 더 효율적이라는 생각이 보편화되고 있다. 창의성에 매달릴 게 아니라 돈이 되는 아이디어에 집중해야 한다는 분위기가 광고계 전체, 나아가 기업계 전체에 확산되고 있는 것이다. 지금은 아이디어가 곧 돈이 되는 시대인 것이다.

뉴턴의 사과, 빌헬름 텔의 사과, 스티브 잡스의 사과……
당신의 사과는 무엇인가?

전략일까, 전술일까?

'텅 빈 교회에선 아무도 구원할 수 없다'는 말이 있다. 목사의 설교가 아무리 훌륭하더라도 일단 사람들부터 모아야 설교도 의미가 생긴다는 뜻이다. '전술이 전략에 선행한다'는 말도 있다. 아무리 훌륭한 전략이 있더라도 현장에서 실행되는 전술에 빈틈이 있다면 당연히 전투를 승리로 이끌기 어려울 것이다. 이런 격언들이 전달하려는 메시지는 명확하다. 콘텐츠 자체에 대한 집착만으로는 성공을 거두기 어려우니 그 콘텐츠를 수용자들에게 효과적으로 전달할 수 있는 수단과 방법에 집중하라는 것이다. 제품이나 서비스도 마찬가지다. 소비자의 눈길을 끌고 손길을 받으려면 우선 디자인과 포장에 집중해야 한다.

집집마다 있는 자동차나 텔레비전, 혹은 집 그 자체를 생각해보자. 사실 가격 대비 성능이나 만족도는 어느 회사 제품이냐를 떠나 모두 비슷비슷하다. 가격을 결정하고 소비자의 선택을 이끌어내는 핵심적인 요소는 이제 더 이상 콘텐츠가 아니라는 얘기다. 성능에 집중하다가는 시장을 놓치고 만다. 애플이 만든 아이팟, 아이폰, 아이패드에 밀려 줄줄이 밀려나는 세계 각국의 MP3 회사, 휴대폰 회사, 컴퓨터 회사들을 생각해보라. 이들 제품의 성능이 애플의 그것에 비해 그렇게 뒤떨어진 것일까? 회사가 망할 정도로? 그렇지 않다. 세계를 무대로 비즈니스를 펼치는 회사의 제품들은 그 성능 면에서는 오십보백보라고 해도 과언이 아니다. 문제는 애플의 참신한 디자인, 혁신적인 사용자

인터페이스interface를 따라잡지 못했다는 것이다. 문제는, 작게는 디자인이고 크게는 브랜드 가치다.

훌륭한 콘텐츠도 좋지만 이를 사람들에게 널리 알리고 판매할 포장의 기술이 없다면 기업도 인생도 앞길이 막막해진다. 한층 복잡해지고 다양화되는 현대의 컨버전스convergence, 여러 기술이나 성능이 하나로 융합되거나 합쳐지는 일 사회에서는 더욱 그렇다. 제품이나 내용을 알리기 위해 사람들을 모으고, 그들의 관심을 이끌어내는 콘텐츠의 포장술이야말로 콘텐츠 이상으로 중요한 성공의 열쇠가 됐다.

그럼에도 불구하고 아직도 많은 기업과 마케팅 담당자들이 이런 원리를 제대로 이해하거나 활용하고 있는 것 같지는 않다. 여전히 콘텐츠 자체에만 집중하고, 제품의 성능에만 홍보의 초점을 맞춘다. 관점이 올바르지 않다면 당연히 그 결과는 신통치 않을 것이다. 이제는 시각을 바꾸어서 포장, 디자인에 집중해야 성공할 수 있다는 뜻이다.

이렇게 콘텐츠 자체가 아니라 디자인이나 포장술에 집중함으로써 의외의 성공을 거둔 사례는 무수히 많다. 앞서 예를 든 아이팟이 대표적이다. 음악 기기에 '음질', '용량'은 기본이자 본질이지만, 애플은 그 모든 기능을 담고 있는 제품 외형에까지 톡톡 튀는 색감과 심플한 디자인을 적용해 시각적인 즐거움을 더했다. 작동 시스템센터 휠, center wheel마저 디자인 요소화한 것은 아이팟 디자인의 최대 장점이다. 결국 아이팟이 전 세계 소비자들을 매혹시켰다. 기능 이외의 부분에서까지 부가가치를 창출하여 소비자들을 사로잡은 결과였다.

비단 제품만의 이야기가 아니다. 드라마나 영화 같은 콘텐츠 산업도 마찬가지다. 스토리 라인이나 주연 배우 등 콘텐츠 자체를 소비하고 평가하는 것

외의 주변적 요인에 더 많은 관심을 갖는 소비자들이 의외로 많다. 영화 〈장화, 홍련〉, 〈달콤한 인생〉, 〈좋은 놈, 나쁜 놈, 이상한 놈〉 등을 찍은 김지운 감독은 최근 가장 주목받는 영화감독 가운데 한 사람이다. 그의 영화를 사랑하는 팬들의 이야기를 들어보면 영화의 이야기 구조뿐만 아니라 김지운 감독만의 색감과 배경 연출 감각 또한 팬들에게는 중요한 매력 포인트라는 걸 알 수 있다.

기억하자. 콘텐츠가 아니라 그 콘텐츠를 돋보이게 하는 포장술과 디자인이 콘텐츠 자체의 성패를 좌우한다. 꼬리가 몸통을 흔들 수는 없다는 식의 고답적인 선입견으로는 점점 다양화되고 개인화되어가는 21세기형 소비자들을 사로잡을 수 없다.

작고 사소한 것으로부터

　세상을 바꾸는 엄청난 아이디어들이 있다. 증기기관과 비행기, 전기와 전화를 탄생시킨 아이디어는 인간의 삶을 송두리째 바꿔놓았다. 하지만 우리가 추구하는 아이디어는 이런 역사적 발명이 아니라 생활의 발견이다. 비즈니스 현장에서 실질적으로 돈을 만들어낼 수 있는 아이디어, 완전히 새로운 제품이나 서비스가 아니라 그것들에 새로운 가치를 더할 수 있는 아이디어를 찾고자 하는 것이다. 사실 이런 아이디어야말로 오늘날 기업들이 가장 원하는 것이고, 비즈니스맨들이 가장 절실하게 필요로 하는 것이다.

　우선 몇 가지 사례를 보자. 사소하다거나 특별하지 않다고 느낄 독자들도 있을 것이다. 하지만 아이디어는 사소한 것에서 출발하고 사소한 곳에서 그 성패가 결정된다. 중요한 것은 사소한 것에서 출발하더라도 반드시 그 목적을 완수해낼 수 있는가, 그렇지 않은가 하는 점이다. 실용적인 아이디어가 중요하지, 얼마나 거창한지는 문제가 아니다.

〈슈퍼스타 K〉와 허각의 탄생

　비즈니스 아이디어를 찾을 때 가장 먼저 고려해야 할 것은 당연히 소비자들의 욕구다. 소비자들이 원하는 것이 무엇인지 찾아낼 수만 있다면, 이를 충족시킬 아이디어를 찾는 일은 훨씬 수월해질 것이다. 〈슈퍼스타 K〉와 허각은 소비자들의 욕구를 정확히 이해하고 이를 충족시킬 수 있는 방법을 모색

하는 과정에서 탄생한 아이디어의 산물이다.

인류의 문화와 문명을 이루어낸 인간의 열정에는, 무엇을 갖고 싶은 감정이라는 '갈망'과 궁극적으로 도달하고 싶은 꿈인 '열망'이 있다고 한다. 〈슈퍼스타 K〉가 경쟁이라는 코드로 현대인의 갈망을 담았다면, 허각은 자신의 불우한 삶 속에서도 꿈을 이루려는 열망을 잃지 않았다. 시청자들의 갈망과 허각의 열망을 하나로 묶는 아이디어, 이 아이디어의 산물이 바로 '허각'이다. 인간의 두 가지 열정을 이용한 아이디어가, 허각이라는 이 시대의 영웅을 탄생시킨 것이다.

이처럼 비즈니스 아이디어 역시 항상 소비자의 욕구에서 출발해야 한다. 그런데도 현장의 많은 비즈니스맨들이 소비자들의 욕구가 아닌, 자신이나 자기가 속한 회사의 욕구를 만족시키기 위한 아이디어에 골몰하고 있다. 그렇게 해서는 결코 돈이 되는 아이디어를 만들어낼 수 없다. 중요한 것은 공급자의 욕망이 아니라 소비자의 욕구다.

예술의 전당 객석 의자의 비밀

예술의 전당에 가보면 의자 뒤 명판에 재미있는 글귀가 새겨져 있다. '아름다움이 세상을 구하리라 – 유니버설 발레단 문훈숙 단장', '높은 곳에서의 여유를 – 예술의 전당 정동혁 본부장' 등, 기부자의 이름과 그가 남긴 간단한 글이다. 불에 탄 오페라극장 재건을 위해 예술의 전당에서 기부금을 모금하면서 기부자의 메시지를 의자 뒤 명판에 새겨주는 혜택을 제공하자 의자로는 482개, 액수로는 8억 원이 넘는 금액이 순식간에 모였다고 한다. 극장을 그저 공연을 하고 공연을 보는 장소에서, 기부의 문화를 공유하고 기부자들의 인생관을 접하는 공간으로 재창조한 것이다.

이 역시 돈이 되는 비즈니스 아이디어의 산물이다. 하지만 결과적으로 돈뿐만 아니라, 예술의 전당과 기부자들, 그리고 관람객 모두에게 유익한 결과를 낳은 성공 사례가 되었다. 예술의 전당은 기부금이라는 실질적인 수익을 얻었고, 기부자는 자신의 이름과 인생관을 예술의 전당이라는 하나밖에 없는 공간에 남겼으며, 관람객들은 공연 관람에 더하여 공연장을 재건하는 데 힘을 보탠 기부자들의 면면을 엿보는 보너스까지 얻게 되었기 때문이다. 수익성과 공공성이라는 두 마리 토끼를 잡은 것이다.

이 아이디어의 창안자는 사업의 목표와 성격을 잘 이해하고 있었다. 예술의 전당이란 공간은, 일반 기업과 달리 무작정 이윤만을 좇아서는 안 되며, 만인에게 문화적 가치를 제공하는 곳이어야 한다. 이러한 공간을 복원하는 데 만약 기부금 액수에만 정신이 팔렸다면 모두가 입을 모아 칭찬하는 지금과 같은 결과를 가져오지 못했을 것이다. 예술의 전당 기부 사업은 사업의 주체가 누구이고, 이 사업이 누구를 위한 것인지를 두루 살핀 끝에 얻어진 아이디어가 아름답게 꽃핀 결과다.

이처럼 진정 훌륭한 아이디어는 소비자는 물론이고 공급자 자신의 위상까지도 고려할 때 빛을 발한다. 브랜드 가치는 이런 아이디어들이 차곡차곡 쌓일 때 생겨나는 것이지, 특별한 제품이나 서비스 하나를 선보인다고 하루아침에 얻어지는 것이 아니다.

소비자를 우선에 두되 자신의 위상을 함께 고려하는 자세, 구체적인 아이디어를 찾기 전에 꼭 갖추어야 할 전제조건이다.

나훈아의 쏘쏘쏘

 아이디어는 실행되지 않으면 무용지물이지만 실행되기 위해서는 소비자들을 설득시킬 수 있어야 한다. 설득력이 없는 아이디어는 돈이 되지 않는다. 그렇다면 설득의 힘은 어디서 나오는가? 2008년 5월에 있었던 가수 나훈아의 기자회견 장면을 떠올려보자. 설득력의 실체가 적나라하게 드러난다.

 그해 5월 한가로운 정오 무렵, 대한민국은 TV 앞에서 일순 정적으로 빠져들었다. 약 한 시간 동안 우리 모두는 어느 대중가수의 기자회견에 숨을 죽이고 몰입했다. 그것은 숙명적으로 우리를 잡아놓을 수밖에 없는 어느 북한 고위급 인사의 귀순 기자회견도 아니었고 이탈리아나 스페인과 싸우는 우리 태극전사들의 월드컵 경기 중계도 아니었다. 그것은 아이돌 가수들이 주도하는 한국 가요계에서 원로가수인 나훈아가 자신의 실종과 관련해 떠도는 루머를 해명하는 기자회견이었다. 나훈아는 말했다.

 "그 소문이 돌던 그때, 나는 우리나라에 있지도 않았습니다."

 사실을 진술함으로써 루머의 전제 자체를 무너뜨리고, 이후 주장에 대한 논리적 근거를 만들고 있다.

 "그들이 나의 꿈을 빼앗았습니다. 그 처자들만큼은 괴롭히지 마세요."

 자신의 억울함뿐만 아니라 다른 피해자들의 처지에 깊이 동조하며 사람들의 보편적인 감성에 호소한다.

"대한민국의 올바른 언론을 위하여 저는 나올 수밖에 없었습니다."

개인적인 억울함에서 더 나아가 사회적인 대의명분을 챙기며 자기주장에 정당성을 부여한다. 즉 자신의 주장을 수긍하면 얻을 수 있는 이익을 은연중에 강조하는 것이다.

마지막으로 그는 의자 위로 올라선다. 바로 '바지 내리기' 퍼포먼스! 상대방의 의혹을 일거에 날려버리고, 자신의 주장에 동의할 수밖에 없도록 마지막 설득의 강편치를 날린 것이다. 마치 한 편의 드라마를 보는 듯한 극적인 마무리를 끝으로, 그는 어떤 질문도 받지 않고 퇴장해버렸다. 시청자들은 옳고 그름을 떠나 그의 당당함에서 우러나는 짜릿한 카타르시스를 만끽할 수 있었다.

나훈아의 기자회견은 감동적인 프레젠테이션의 3요소인 논리·감성·혜택을 정확하게 묶어내고 있다. 나훈아는 우리에게 단순히 자신의 입장을 전달하는 것에 그치지 않고 자신의 주장에 동조하도록 만드는 호소력을 온몸으로 보여주었다. 그날 우리가 본 것은 단순한 기자회견이 아니라 나훈아에 의해 잘 기획되고 연출된 한편의 '설득의 아이디어'였다.

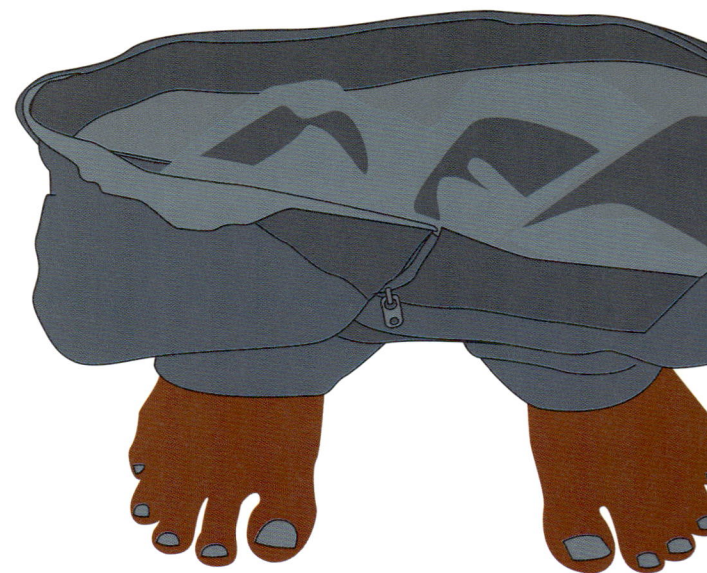

소주를 권하는 그녀

앞에서 필자는 소비자의 욕구를 우선해야 한다고 강조했다. 그 가운데서도 특히 충족되지 못한 욕구를 찾아내는 것이 중요하다. 가지고 싶어도 가질 수 없던 제품, 받고 싶어도 받을 수 없던 서비스를 찾아내어 이를 대체할 수단을 제공할 수 있다면 성공적인 비즈니스 아이디어 사례가 될 수 있다. '효리주'를 예로 들어보자.

사람들은 저마다 선호하는 술이 다르다. 최근엔 막걸리가 대세라지만 모든 사람들이 막걸리를 좋아하는 것은 아니다. 게다가 본래 소주를 좋아하던 사람들은 소주 외의 술을 그다지 즐기지 않는 편이다. 말하자면 소주 마니아들이 존재한다는 것인데, 주당 가운데서도 그 숫자가 제일 많은 것이 아마도 이 소주 마니아들일 것이다.

이들 대부분은 청년층이나 중년 남성들이다. 소주병 라벨에 가수 이효리의 사진이 붙어 있는 것은 이효리가 소주를 좋아해서가 아니라 이들 소주파들이 이효리를 좋아하기 때문이다. 그리고 이들에겐 이루어지기 어려운 꿈들이 있다. 소주 마시듯 양주를 마셔보고 싶다는 꿈, 이효리 같은 미인과 술자리를 함께 해보고 싶다는 꿈이다. 첫 번째 꿈은 어차피 누구도 이루어줄 수 없는 꿈이다. 두 번째 꿈 역시 마찬가지다. 하지만 두 번째 꿈은 대체 수단이 있다. 그것도 아주 작은 수고만 들이면 쉽게 달성할 수 있다. 웃고 있는 이효리의 사진이 인쇄된 소주병

의 라벨을 떼어내어 소주잔 밑에 붙여보자. 이것이 이른바 효리주다.

이처럼 누군가의 이루어질 수 없는 꿈과 환상을 대체할 수 있는 수단을 제공하는 것, 이 또한 중요한 아이디어 가운데 하나다. 세상엔 멋진 아이디어들이 많지만, 효리주처럼 특별한 수고나 별도의 비용을 지불하지 않고도 많은 사람들이 그 혜택을 누릴 수 있는 아이디어를 제공하는 것, 그것이 참다운 아이디어맨의 역할 가운데 하나가 아닐까.

효리주에서 또 하나 간과할 수 없는 것은 재미있는 것만이 인정을 받을 수 있다는 진리다. 재미는 전 인류의 공통 목표가 아니던가. 재미를 추구하는 것이 죄악시되던 시절도 있었다지만, 이제는 재미없는 아이디어로는 결코 소비자들의 눈길을 사로잡을 수 없는 시대가 되었다. 교과서나 참고서조차 재미있게 만들어달라고 성화인 시대다. 그러니 다른 제품이나 서비스는 말할 것도 없다.

메뚜기를 명중시켜라

2002년 월드컵이 만들어낸 우리 사회의 긍정적인 변화 가운데 하나로 화장실 문화를 꼽는 사람들이 많다. 확실히 월드컵 이전의 공중 화장실과 지금의 공중 화장실은 격세지감을 느끼게 한다. 특히 고속도로 휴게소의 화장실에 들르게 될 때마다 그런 생각을 하게 된다.

하지만 남자들이 이용하는 소변기 앞에는 여전히 누군가 흘리고 간 소변 자국이 남아 있는 경우가 흔하다. 그런 자국이 남아 있으면 다음 사람은 당연히 더 멀찌감치 서서 소변을 보게 되고, 이는 더 많은 소변 자국을 남기게 된다. 이 문제를 해결하기 위해 화장실을 관리하는 사람들은 무수히 많은 아이

더어들을 짜냈을 것이다. 그 결과 우선 여러 가지 문구들이 등장했다. 처음엔 순진하고 직설적인 문구로 시작되었다.

"한 발짝만 앞으로!"

글씨가 안 보이는 사람이라면 몰라도 이 문구를 보고 선뜻 소변 자국이 남아 있는 변기 앞으로 다가갈 사람은 많지 않았다. 그러자 기발하고 재미있는 문구들이 등장하기 시작했다.

"남자가 흘리지 말아야 할 것은 눈물만이 아닙니다."

역시 큰 효과는 없었다. 픽 웃는 사람들은 있어도 그다지 호소력이 있는 것은 아니었던 셈이다. 마지막으로 신사도에 읍소하는 문구가 등장했다.

"아름다운 사람은 머문 자리도 아름답습니다."

하지만 이 역시 큰 효과를 거두지는 못했다. 이런 문구들이 변기 앞을 차례로 거쳐 가는 동안 적지 않은 사람들이 소변기 앞으로 다가갔겠지만, 여전히 근본적인 문제는 치유되지 않았다. 그러다가 마침내 획기적인 아이디어가 나타났다.

소변기 정중앙에 파리, 풍뎅이, 메뚜기 따위의 그림을 붙여놓는 것이었다. 이 아이디어는 우선 사람들의 흥미를 자극했다. 전에는 보지 못했던 그림이 소변기 중앙에 붙어 있으니 자세히 보기 위해서라도 한 발 다가서지 않을 수 없었다. 이를 알아챈 사람들은 나중에는 아예 소변기 중앙에 항구적인 곤충 부조

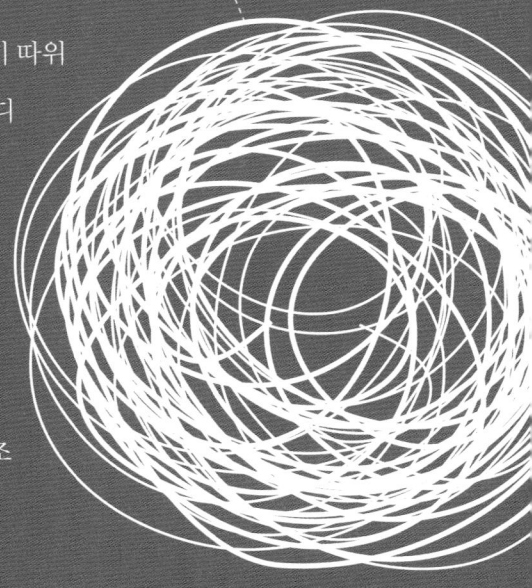

를 만들어 붙이기도 하고, 소변이 묻을수록 그 색깔이 더 선명해지는 그림을 만들어 붙이기까지 했다. 아마도 이런 노력과 아이디어 덕분에 우리의 공중화장실은 세계 최고 수준의 청결을 유지할 수 있게 되었을 것이다.

이 아이디어에서 또 하나 강조하고 싶은 것은 인간의 가장 근원적인 본능에 호소하고 있다는 점이다. 좋은 아이디어의 조건에는 현대인의 욕구에 부합해야 한다는 조항도 포함되지만, 이처럼 본능에 호소할수록 아이디어의 성공 확률이 높아진다고 할 수 있다. 그렇다면 소변기에 곤충 그림을 붙이는 아이디어는 인간의 어떤 본능에 호소하는가? 바로 남성의 공격 본능이다. 인간뿐만 아니라 대부분의 동물은 자기보다 약한 동물에 대한 공격 본능을 지니고 있다. 성인이 된 남자들은 철저히 숨기고 있지만 이런 공격 본능은 소변을 볼 때라고 예외가 아니다. 예전에 시골 어른들은 남자 아이들에게 제발 지렁이를 향해서 소변을 보지 말라고 타이르곤 했다. 그러면서 지렁이를 향해 소변 줄기를 갈기면 고추가 붓는다고 겁을 주었다. 이처럼 아이들조차 자기보다 약한 존재에 대한 공격 본능이 있었는데, 소변기의 곤충 그림은 그런 본능에 호소하는 아이디어로 이어졌고, 결과적으로 남자들의 소변을 소변기의 중앙으로 정확히 유도해낸 것이다. 만약 거기에 뱀이나 전갈 같은 게 그려져 있었다면 어땠을까? 아마 소변보기를 포기하는 남자들이 속출했을 것이다. 성공적인 아이디어를 내고 싶다면 이 사례에서처럼 인간의 숨겨진 본능에 호소하는 아이디어를 찾아보는 것도 좋은 방법이다.

〈세바퀴〉가 진짜로 바꾼 것

아이디어는 하나로 완성되는 경우도 있지만 유기체처럼 진화하거나 여럿이 어우러져 공동의 결과물을 만들어내기도 한다. 〈세상을 바꾸는 퀴즈〉, 일명 〈세바퀴〉라는 TV 프로그램의 경우를 보자.

이 프로그램은 다양한 연령층의 연예인들이 생활과 밀접한 퀴즈를 푸는 프로그램이다. 최근에는 새로운 퀴즈 방식을 도입해 높은 시청률을 기록하고 있는데, 바로 출연진들이 자신과 개인적인 친분이 있는 연예인들에게 전화를 걸어 깜짝 퀴즈를 내는 것이다. 영문도 모르고 전화를 받은(물론 사전에 어느 정도 언질은 받았겠지만) 연예인들이 느닷없이 시작되는 퀴즈에 즉흥적으로 답변하며 돌발적인 재미가 발생한다. 하지만 정작 이 코너의 숨은 아이디어는 다른 데 있다.

전화 연결에는 출연료가 들지 않는다! 제작진은 스타를 무료로, 스케줄 문제나 장소 제한 없이 섭외할 수 있다. 그뿐 아니라 스타들 역시 부담 없이 평소 자신의 모습 그대로를 드러낼 수 있다. 시청자 입장에서도 깜짝 이벤트처럼 연예계 인맥을 가늠해보는 즐거움까지 생기니 봉이 김선달이 따로 없다. 어느 작가의 것인지는 모르겠으나 그야말로 꿩 먹고 알 먹는, 손 안 대고 코 푸는 아이디어인 것만은 분명하다.

지금까지 살펴본 사례들의 공통점은 무엇일까? 본질보다는 주변적인 요인에 가치를 불어넣어 사람들의 관심을 끌고 결국에는 돈을 만드는 아이디어였다는 점이다. 거듭 강조하지만 중요한 건 콘텐츠 자체가 아니라 그 콘텐츠에 아이디어의 옷을 입히는 일이다.

이미지는 힘이 세다

앞서 필자는 소비자의 욕구와 욕망, 인간의 감추어진 본능을 일깨워 기업이 팔고자 하는 제품이나 서비스를 제공하는 것이 비즈니스 아이디어가 하는 일이라고 지적했다. 그렇다면 인간의 욕구와 욕망, 본능이란 어떤 것일까? 이를 이해하는 것은 비즈니스 아이디어 발상의 기초가 되는 것이므로 그냥 지나칠 수 없다. 소비자의 욕망과 인간의 본능에 대해 잘못 이해하면 당연히 아이디어가 도출되지 않거나 잘못된 아이디어로 연결될 가능성이 높기 때문이다.

비즈니스 아이디어를 추구하는 사람들이 알아야 할 몇 가지 인간의 욕망과 본능에 대해 살펴보기로 하자. 그 전에 필자의 경험담 한 토막.

필자가 근무하는 회사의 CEO와 전략가로 유명한 '더 사우스'의 대표와 함께 부부 동반으로 뮤지컬 〈캣츠〉를 관람하러 갔을 때의 일이다. 1부가 끝나고 중간 휴식 시간이 되어 두 분을 모시고 복도에 서 있는데 옆자리의 이야기가 들려왔다.

"이번에 온 팀이 오리지널이어서 그런지 참 공연이 대단한 것 같아."

그 이야기를 들으며 필자 또한 그런 생각에 동의했고 역시 본토의 힘이 대단하다고 생각했다. 그런데 그때 필자의 옆을 지나가는 또 다른 사람들의 이야기를 듣게 되었다.

"이번에 온 팀은 호주 팀이래."

"그래서 그런지 미국 오리지널 팀보다 역시 한참 떨어지는 것 같은데……."

필자는 2부 내내 1부에서 느꼈던 감동은커녕 뭔가 미진한 구석은 없는지 꼬투리 잡기에 급급한 자신을 발견하고 까닭 모를 황망함을 느껴야 했다. 여러분에게는 이런 기억은 없는가?

이 이야기가 시사하는 바는 명확하다. 소비자들을 만족시키는 것은 제품이나 서비스 자체라기보다는 그 위에 덧씌워진 이미지라는 점이다. 똑같은 뮤지컬을 보면서 처음에 감동할 수 있었던 것은 그 뮤지컬이 오리지널 팀의 공연이라고 믿었기 때문이고, 나중에 감동이 반감된 것은 그것이 오리지널 팀의 공연이 아니라는 사실을 인식했기 때문이다. 하지만 뮤지컬(콘텐츠)은 여전히 같은 것이었고, 달라진 것은 필자의 인식과 이미지일 뿐이었다. 그런데도 그 만족도는 하늘과 땅 차이였다. 뮤지컬 자체보다 뮤지컬에 덧씌워진 이미지가 더 중요하게 작용한 것이다.

이처럼 똑같은 제품이나 서비스도 거기에 어떤 이미지가 붙느냐에 따라 그 가치는 천양지차로 벌어진다. 이를 잘 이용하면 돈 되는 아이디어도 얼마든지 나올 수 있다. 다음과 같은 사례가 이를 입증한다.

프랑스와 그리스로 단체 여행을 간 교수들 이야기이다. 전날 밤 술자리에서 거나하게 취했던 교수들은 다음 날 점심때 나온 독한 술에 고개를 절레절레 흔든다. 당연히 오늘은 쉬겠다는 반응이었다. 그때 가이드의 한 마디.

"그런데요……. 이 술이 고흐가 〈별이 빛나는 밤〉을 그릴 당시 이 카페에서 자주 마셨다던 바로 그 압생트 보드카입니다."

교수들은 숙취가 가시지 않았음에도 불구하고 한 모금씩 마실 수밖에 없었다.

이들의 마지막 일정은 그리스였다. 피곤한 일정 때문에 가이드가 나와서 사진 찍으라는 소리도 귀찮을 정도였다. 모두들 눈을 감은 채 자는 척을 했다. 이때 그 가이드가 또다시 한마디 던졌다.

"여러분, 여기가 바로 인간의 형벌을 떠안은 시시포스가 끊임없이 바위를 굴렸다는 바로 그곳입니다."

잠시 후 교수들은 실제로 보면 볼품없는 바위산에 내려 기념 촬영에 몰두했다고 한다.

이런 이야기들에서 우리가 기억해야 할 것은 두 가지다. 하나는 제품이나 서비스 자체가 중요한 것이 아니라 그 이미지가 더 중요할 수 있다는 점이고, 다른 하나는 인간이 그다지 합리적인 동물이 아니라는 점이다. 합리적인 동물이 아니기 때문에 콘텐츠 못지않게 포장이 중요하고, 본질 못지않게 디자인이 중요한 것이다. 또한 합리적인 동물이 아니기 때문에 대상에 이미지를 형성하는 광고나 홍보의 역할이 중요해지고, 아이디어를 통한 새로운 비즈니스 모델의 수립이 가능해지는 것이다. 소비자들은 분명 현명하고 똑똑하고 부지런하다. 하지만 그 이전에 비합리적이다. 이 점을 기억해야 돈 되는 비즈니스 아이디어를 만들어낼 수 있다.

실용 마케팅의 전설적 구루guru인 잭 트라우트Jack Trout는 그의 저서 『포지셔닝Positioning』에서 "마케팅에 있어 실체는 없다"라고 단언한 바 있다. 그러니 명심하라. 소비자가 구매하고 사용하는 것은 인식이며, 이 인식의 힘이야말로 제품의 본질이다.

고정관념은 당신의 인생을 고정시킨다

　소비자들이 얼마나 비합리적인지에 대해서는 조금 뒤에 자세히 살펴보기로 하고, 우선은 그런 소비자들을 대상으로 비즈니스 아이디어를 만들어내야 하는 당신이 잊지 말아야 할 한 가지 사실을 지적해두기로 하자. 바로 소비자들과 똑같은 선입견이나 고정관념을 가지고는 그들을 설득할 수 없다는 것이다.

　인간은 비합리적이고 대부분의 사람들이 고정관념에 사로잡혀 있다는 사실을 이해하는 일은 중요하다. 하지만 그걸 당신 자신의 선천적 한계로 인정한다면 새로운 아이디어는 생겨나지 않는다. 아이디어란 한마디로 말하면 새롭고 창의적인 구상인데, 선입견과 고정관념에 사로잡힌 사람이 그런 새롭고 창의적인 아이디어를 만들어낼 수는 없는 것이다.

　여자들은 모두 수다를 떨거나 쇼핑을 좋아하는가? 남자들은 모두 섹스만을 생각하거나 집에서 TV 앞에 붙박여 있는가? 우리의 뇌는 고정관념으로 가득 차 있다. 왜 그럴까?

　인간의 인지 능력에 한계가 있기 때문이다. 인지 능력에 한계가 있기 때문에 한정된 용량만큼의 사고로, 필요한 용량만큼의 선택적 주의를 기울이며, 감각 기관의 한계로 인해 때때로 외부 자극마저 왜곡하게 된다. 말하자면 인간은 스스로 필요한 만큼만 받아들이고, 받아들이고 싶은 것만을 선택적으로 인식하는 인지적 구두쇠Cognitive Miser라는 얘기다. 아전인수我田引水, 견강부회牽强附會는 특별한 사람들만의 사고방식이 결코 아니다.

여성은 모성적이고 흑인은 공격적이며 유대인은 인색하고 아줌마는 억척스럽고 아저씨는 뻔뻔한가? 예술가는 섬세하고 정치가는 권모술수에 능하고 교수는 좀스럽고 사업가는 통이 큰가?

우리의 뇌는 평소 노골적으로 이런 고정관념을 드러내지 않지만 중요한 결정을 할 때는 여지없이 불쑥 드러낸다. 우리의 이런 고정 관념은 '스키마schema', 즉 뇌가 정보를 여러 범주로 조직화할 때 이용하는 기록체계의 일종이다. 이것은 다양하고 복잡한 정보들을 재빠르게 판단하고 파악하는 데 도움을 준다. 단, 정확하기만 하다면 말이다.

하지만 그렇지 않을 때 우리는 종종 뒤통수를 얻어맞는 경험을 한다. 연약한 아줌마, 정중한 아저씨, 예의 바른 청소년, 정직한 정치가, 대범한 교수, 섬세한 사업가들을 얼마든지 만날 수 있기 때문이다. 봉준호 감독의 영화 〈마더〉에서 정신박약아처럼 애처롭고 유약하게 행동했던 원빈에게서 받은 첫인상과 엔딩에서 그가 보여준 상상 밖의 모습을 비교해보라. 왜 많은 이들이 원빈의 모습을 반전이라 여겼는지 그 까닭을 생각해보라. 우리의 선입견, 고정관념이 얼마나 실제와는 다른 이미지를, 상황을, 판단을 만들어내는지 이해하게 될 것이다.

기본적으로 보수적인 성향을 가진 사람일수록 이런 경향이 강해 광고 커뮤니케이션으로 이들의 태도 변화를 이끌어내기가 어렵다. 말하자면 '광고발'이 잘 안 먹히는 사람들이다. 자연히 대부분의 제품 광고 타깃은 상대적으로 사고가 유연하고 제품을 받아들이는 수용성이 높은 사람들을 핵심으로 삼게 된다. 그런데 마케터나 아이디어를 창출할 위치에 있는 사람 자신부터 유연한 사고를 하지 못한다면 어떻게 될까? 사람들의 통념에 홀려 실제 소비자들의 생각의 변화를 읽지 못하는 경우가 생기고 이는 곧 마케팅의 실패로 귀결된다.

아이디어는 반사된 빛이다.
당신의 아이디어는 당신을 닮는다.
그러니 당신부터 개조하라.

본 것을 믿을 것인가, 믿는 것을 볼 것인가

커뮤니케이션 전문가인 알라야 파인스키의 실험에 따르면 미국인 100쌍 중 약 11%가 첫인상에 반해 결혼에 이르렀는데 그 이혼율은 일정 기간의 연애 기간 끝에 결혼했거나 상대의 조건 등을 생각해보고 결혼한 커플들과 유사했다고 한다. 이처럼 인간의 첫인상은 결코 무시할 수 없는 판단 기제이다.

프린스턴 대학의 토도로프A. Todorov 교수도 2005년에 이와 관련한 재미있는 실험을 했다. 심리학과 학생들에게 2004년 미국 하원의원 후보의 사진을 1초간 보여주고 누가 과연 당선될 것인지 맞혀보게 했던 것이다. 그 결과는 놀랍게도 실제 당선 결과와 70% 일치하였다. 다시 말해 1초만 보고 판단을 내린 사람과 3개월간 유세를 듣고 판단한 사람의 70%가 같은 판단을 내렸다는 것이다.

매 순간 우리의 오감을 통해 들어오는 정보는 커다란 컴퓨터 두 대 용량에 해당하는 400GB이다. 따라서 우리는 소위 선택적 집중 selective attention 이라는 방법을 통해 정보를 선별하여 받아들이게 된다. 우리가 경험적으로 중요하다고 믿는 정보에만 집중하여, 자신이 듣고 싶고 느끼고 싶은 요소만 받아들이는 것이다. 그래서 아는 만큼 믿고 믿는 만큼 알게 되며, 보는 것을 믿는 것이 아니라 믿는 것을 보게 된다. 이런 경향은 급격히 변화하는 사회 속에서 더 많은 정보를 받아들일 수밖에 없는 우리들에게 다음과 같은 시사점을 던져준다.

말콤 글래드웰 Malcolm Gladwell 이 『블링크 Blink』라는 책에서 강조한 '첫 2초의 힘', 즉 직관의 중요성이다. 기존에 가지고 있는 정보 체계가 편견으로, 고정관념의 틀로 뿌리박히면 새로운 아이디어가 나오는 창구를 막아버리게 된다. 이를 방지하고 직관의 힘을 발휘하기 위해서는 무엇보다 인문학적 소양의 폭을 넓히고, 경계를 넘나드는 사고의 유연성을 길러야 한다.

이와 반대로 첫인상을 경계하는 것도 중요하다. 인간의 뇌가 정보를 처리하는 데 걸리는 시간은 0.2~0.4초에 불과하다. 순식간에, 부지불식간에 떠오른 우리의 첫인상은 그만큼 온전하지 못하다. 순간적으로 받은 첫인상을 가지고서 인간은 어떤 태도를 갖게 되는가?

위에서 예로 든 정치인 선택 실험의 결과를 다시 떠올려보자. 사람들은 정치인을 뽑을 때 경력이나 철학, 비전이 아닌 첫인상으로 뽑는 경향이 있었다. 심지어 첫인상을 통해 내린 자신의 판단을 합리화하기 위해 그 이후의 정보들을 과장·왜곡·부정하는 경향마저 띠곤 하는데, 이런 경향은 자신에게 중요한 일일수록 더욱 심해진다. 이를 학문적으로는 인지 부조화Cognitive Dissonance라고 한다.

1992년 휴거설로 온 나라를 떠들썩하게 했던 사이비 종교의 신도들이 보였던 태도나 신념에서 일부 나타나는 비정상적 행동들은 인지 부조화의 좋은 예가 될 것이다. 이들은 지구 종말의 날인 10월 28일, 예수가 다시 나타나 신도들을 공중에 들어 올릴 것이라고 믿고 있었는데, 실제 당일에 아무 일도 벌어지지 않자 자신들의 믿음을 버리기는커녕 오히려 다음을 기약하며 비이성적인 논리를 유지했다.

이처럼 첫인상은 어떤 면에서 어쩔 수 없는 것이자 그만큼 중요한 것이며, 또한 조심하지 않으면 안 되는 것이다. 첫인상만으로 모든 것을 판단하는 사람은 스스로 아이디어의 출구를 막는 사람이다. 그렇다고 비즈니스 아이디어를 고민하면서 소비자들이 받게 될 첫인상을 무시해서도 안 된다. 자신의 판단을 돌아봄으로써 다른 소비자들이 내릴 판단을 유추할 수 있는 능력을 길러야 진정한 비즈니스 아이디어의 대가가 될 수 있다.

당신은 불합리하고 나는 무기력하다

오늘날의 소비자들이 합리적이고 똑똑하며 부지런하기까지 하다는 것은 사실이다. 하지만 그렇지 않은 경우, 너무나 불합리한 경우도 비일비재하다. 이는 그들이 소비자이기 이전에 인간이기 때문이다. 앞에서 여러 차례 지적한 것처럼 인간은 결코 합리적인 동물이 아니며, 따라서 소비자 또한 많은 경우에 있어서 합리적이지 않다.

이 치킨집에서는 A세트와 B세트라는 이름으로 두 가지 종류의 치킨 세트를 팔고 있다. 구성은 똑같이 치킨 두 마리다. 차이가 있다면 앞에 후라이드 치킨이 나오느냐 양념 치킨이 나오느냐의 차이 뿐이다. 어차피 한 마리는 후라이드, 다른 한 마리는 양념이다. 순서가 다른 것 이외에, 대체 무슨 차이가 있는가? 그런데 양념 치킨을 앞세운 B세트가 3,000원이나 비싸다. 이렇게 하고도 장사가 된다니, 믿기지 않을 정도다.

그러나 이건 애교에 지나지 않는 경우일 수도 있다. 어중간한 가격대의 상품을 모양만 조금 바꿔서 최고가로 파는 일이 비일비재하다. 이상한 건 그럴 경우 구매자가 더 늘어나는 경우가 왕왕 있다는 것이다. 대체 무슨 비밀이 있는 걸까?

사실 비밀 같은 건 없다. 소비자들의 비합리적 판단을 악용한 상술일 뿐이다. 그러나 어쨌든 여기서 우리는 중요한 교훈 하나를 얻을 수 있다. 이 정도로 사람들이, 그리고 우리 자신이 비합리적이라는 점이다.

그나마 수긍이 갈 만한 비합리적 판단의 사례도 있다. 아래 두 사진에서 공통점 하나를 찾아보자.

두 장의 사진 모두, 가운데에서 흐뭇한 표정을 짓고 있는 선수가 금메달리스트다. 그 왼쪽이 동메달, 오른쪽이 은메달이다. 동메달과 은메달을 딴 선수들의 표정을 보라. 동메달을 딴 선수의 표정이 은메달을 딴 선수보다 훨씬 환하다. 이상하지 않은가? 하지만 이 경우 이해는 할 수 있다. 은메달을 딴 선수는 최종 경기에서 금메달을 딴 선수에게 패했다. 반면에 동메달을 딴 선수는 4위를 차지한 선수를 이겨 어쨌든 메달을 따냈다. 이처럼 기쁨은 상대적이다.

이 사례들에서 우리가 기억해야 할 사실은 우리도, 소비자도 그다지 합리

적인 사람들은 아니라는 점이다. 아니, 인간 자체가 합리적인 동물이 결코 아니다. 합리성을 추구하긴 하지만 말이다. 따라서 합리적인 판단에만 의지해서는 돈이 되는 비즈니스 아이디어를 만들어내기 어렵다.

여기 옷이 하나 있다고 해보자. 이 옷은 시장에서 저렴한 가격에 구입한 싸구려다. 친구 세 사람에게 미리 이 옷은 30만 원짜리의 명품이라고 대답하도록 하라. 이제 그 친구들은 당신의 주문에 따라 모두 그 옷이 30만 원에 상당하는 세련된 옷이라고 대답한다. 이런 사정을 모르는 당신의 또 다른 친구는 이 상황에서 과연 무엇이라고 대답할까? 그가 정말 "30만 원치고는 조악한 수준인데"라고 말할까? 물론 그럴 수도 있을 것이다. 그가 그 옷을 팔았던 가게 주인이라면.

만약 우리가 어떤 문제의 해결 방안이나 욕구를 해결하는 과정이 '25×4=100'과 같이 분명한 명제나 진리에 의한 선택의 과정이라면 아이디어의 필요성은 그리 중요하지 않을 것이다. 그러나 우리의 세상살이뿐만 아니라 작은 물건 하나 사는 것에도 딱 떨어지는 논리에 의한 선택은 거의 없다. 대부분 선택의 기준이 그리 단순하거나 호락호락하지 않다.

인간은 이렇게 자기가 갖고 있는 생각을 잘 바꾸려고 하지도 않고, 때론 상식적으로 납득할 수 없는 판단을 내리기도 하며, 상대방의 관점 제시에 따라 쉽게 좌우되기도 한다. 그러므로 제품을 잘 만드는 것뿐만 아니라 어떻게 그 제품을 고객에게 알릴 것인가를 고민하는 것도 중요해진다. 이때 상대방의 마음을 빼앗는 새로운 생각이 필요하고, 이것이 비즈니스 아이디어요, 돈이 되는 생각의 핵심이다.

섞고 흔들어라, 그리고 조합하라

『역설의 논리학』을 지은 아이디어 발상 전문가 노자키 아키히로野崎昭弘는 아이디어를 틀에서 벗어난 생각, 즉 본래의 문제와 목적을 잃어버리지 않는 자유로운 발상이라고 정의했다. 그리고 그것을 위해선 타인의 의견이나 일반적인 풍조에 얽매이지 않는 자신만의 눈이 중요하다고 했다.

에드워드 데보노Edward de Bono는 수평적 사고의 중요성을 말하며 단선적이고 직선적인 논리나 분석에 의존하는 것이 아니라 다양한 관점에서 다양한 해답을 인정하는 무한적 사고의 틀을 주장했다.

윌리엄 고든William J. J. Gordon은 특별한 재능과 자기실현의 창조성을 강조하며, 전자는 천재적인 과학자나 발명가·예술가에게서 볼 수 있는 고차원적인 특수 재능이고 후자는 일상적인 차원에서 평범한 사람들에게서 볼 수 있는 새로운 가치를 창출하는 능력을 의미한다고 했다.

그러나 발명이 아니라 발견의 관점에서, 예술적 관점이 아닌 비즈니스적 관점에서, 이론적 틀이 아니라 실용적 관점에서 우리는 좀 더 다른 현실적이고 구체적인 정의가 필요하다.

나는 발자크Balzac의 관점에 주목하고자 한다. 발자크는 "아이디어 혹은 창의란, 개념의 유사성을 발견하는 힘이며 독창적인 것은 없다. 모든 것은 반사된 빛이다"라고 했다. 이는 아이디어가 순수하게 독자적인 개념이라기보다 '이질적인 개념이나 소재들이 뒤섞여 새롭게 만들어내는 유의미하고 유익한

포도와 시간이 만나면 와인이 되고
빨강과 파랑이 만나면 보라색이 되고
병장과 이등병이 만나면 충성이 된다.
관심을 갖고 '결합'을 시도하라.

효과'라는 뜻이다. 이러한 융합적 과정을 통해 개인적 삶이나, 사회적 진보를 만들어내는 새로운 가치가 태어나게 된다. 이런 논의들을 우리의 주제인 비즈니스 아이디어, 혹은 필자의 전문 분야인 마케팅 광고 아이디어에 적용하면 어떻게 될까?

마케팅이란 시장Market을 움직이는ing 기술인데, 이때의 시장은 고객의 머릿속에 있다. 따라서 광고란 고객의 머릿속에 제품을 각인시키는 일련의 행위와 다르지 않다. 마케팅 아이디어는 결국 소비자의 머릿속에 제품과 관련된 새로운 가치를 만드는 일이다.

조금 더 논의를 좁혀보자.

공장에서 만드는 것이 제품이고 고객의 머릿속에 자리 잡은 것이 브랜드라면, 우리의 아이디어란 새로운 기능을 만드는 것이 아니라 새로운 '의미'를 만드는 일에 가깝다. 그리고 새로운 의미는 전혀 새로운 발명적 시각이 아니라 이 세상에 이미 존재하는 의미들의 낯선 결합에 의해서 탄생하는 경우가 대부분이다. 본래부터 있던 꽃이라도 이름을 붙여주어야 비로소 의미가 생겨나는 것처럼, 기존에 존재해온 것들을 새롭게 조합해보면 의미 있는 마케팅 아이디어를 창출할 수 있다.

나는 이를 '결합적 상상력'이라 부른다. 이제부터 결합적 상상력을 만드는 방법에 대해 알아보자.

2
아이디어 엔진 작동법

재즈에서 배우는 비즈니스 아이디어의 5요소

재즈의 묘미는 즉흥성에 있다. 즉흥성은 준비 없이 시작하고 진행하여 예측할 수 없는 결과를 만드는 것이다. 그런 훌륭한 즉흥 연주가 예술혼을 바탕으로 하는 태도나 세월이 녹아든 뛰어난 연주 실력, 더 나아가 자신의 연주에 대한 믿음 없이 이루어질 수 있을까? 재즈 대가들이 주고받는 즉흥 연주 속엔 열정과 섬세한 기술, 자신에 대한 믿음, 그리고 용기가 녹아 있게 마련이다.

훌륭한 아이디어의 정신적인 원천도 마찬가지다. 궁극에 이르고자 하는 열정적 에너지, 겉으로 드러난 사물에서 이면의 색다름을 발견해내는 섬세한 관찰력, 기존과는 다른 방식으로 표현해내는 표현력, 그리고 궁극적으로 그 모든 것을 아울러서 하나의 전체적인 틀 속에 녹이는 힘 등이다.

요약하면 당신이 빅 아이디어를 만든다는 의미는 당신의 열정과 관찰력과 상징화 능력, 그리고 이를 단계별로 구성하고 소비하고 참여할 사람들을 모으는 능력이 빛을 발해야 한다는 뜻이다. 이는 단계별로 진행되는 정신적인 흐름일 수도 있지만 서로 순환하면서 동시에 이루어지는 유기적 과정이기도 하다.

이제부터 열정을 바탕으로 관찰과 상징이라는 전략적이고 창의적 작업을 거쳐 아이디어의 중심을 만들고 이 아이디어를 유저나 소비자들이 매력적으로 느끼도록 전술적으로 구성한 뒤, 마지막으로 자발적인 참여와 소비를 유도하는 일련의 과정, 즉 아이디어 엔진을 만드는 과정 속으로 들어가 보자.

열정

    2002년 월드컵에서 4강을 차지한 우리의 저력은 과연 무엇이었을까? 필자의 생각에 그것은 수천 년 동안 외세에 눌려온 한민족이 이번에야말로 세계를 제패해보겠다는 열정의 산물이었다. 열정은 절박함이며 절박함은 집중력을 불러오고 집중력은 놀라운 결과를 이끌어낸다. 열정은 우리를 더 나은 세계, 궁극의 세계로 이끌어가는 인간의 본능이다. 열정이라는 에너지를 통해 우리는 자신의 잠재력을 극대화한다. 우리는 이 에너지로 말미암아 눈앞에 보이는 무엇에든 부딪쳐보려는 적극성과 용기를 발휘하게 된다.

    가끔 훌륭한 공연을 보고서 뒤늦게 박수를 치는 자신을 본 적이 있는가? 무엇인가를 보고 반응하고 감응하는 힘 역시 열정에서 비롯된다. 세상을 고정관념이나 이해득실 없이 바라보는 어린 아이 같은 순수한 마음이 꾸밈없는 감탄을 부르고 즐겁게 하고 몰입하게 만들기 때문이다.

    대부분의 사람들은 나이가 들면서 열정과 멀어진다. 무언가를 새롭게 시도하는 일도 줄어든다. 반응도 시들해지고 감탄하는 일도 드물어진다. 이제 다시, 어린 아이의 마음으로 당신이 관심 있어 하는 모든 영역 속으로 들어가라. 감탄은 당신의 세계를 더욱 넓혀준다. 인류의 역사는 인간이 보여준 열정의 기록이다.

    이러한 열정은 사람들끼리 서로 주고받을 때 더욱 불타오른다. 지포 라이터는 전 세계에 파병된 미국 병사들 사이에서 중요한 의미를 갖는다. 왜 그럴까? 이 라이터가 고장이 나지 않는다는 이유 외에도, 지포가 이 라이터를 작은 게시판처럼 사용하게끔 유도한 것이 주요했다고 생각한다. 자기만의 좌우명을 새긴 지포 라이터를 갖는다는 것은 수백만 명의 병사들에게 하나의 통과 의례로 자리 잡았다. 이것은 제2차 세계대전 때, 고향에서 멀리 떨어진 미국 병사들이 지포 라이터를 소중한 소유물로 여기고 참호에서 독특한 자기만의 장식을 하게 되면서 비롯되었다. 제2차 세계대전 당시 유명한 특파원 어니 파일은 1944년 8월 이렇게 썼다.

"전선에서 지포가 얼마나 인기가 있는지, 지포 라이터를 받았을 때 병사들이 얼마나 고마워하고 기뻐하는지 말하면 나더러 허풍을 떤다고 할지도 모른다. 하지만 나는 지포 라이터야말로 군인들이 가장 갖고 싶어 하는 물건 1위였다는 것을 의심하지 않는다."

애플을 탄생시킨 이 시대 아이디어의 아이콘 스티브 잡스Steve Jobs를 규정하는 단 하나의 단어가 있다면 그것은 곧 '열정'일 것이다.

관찰

해인사로 1박2일 템플스테이를 간 적이 있었다. 주지스님이 명정明正하고 고요한 설법 시간에 해주신 이야기는 지금도 생생하다.

"불교 공부법의 핵심은 관찰입니다."

생활 속에 삶의 지혜가 있으니 매일 겪는 일상을 놓치지 말고 그 속에서 배우라, 스치는 모든 것에 대해 또렷한 자각을 가지고 마음의 끈을 놓치지 말라는 의미였다고 기억한다.

아베 야로의 『심야 식당』이라는 만화를 본 적이 있는가? 이 만화책은 인간에 대한 꼼꼼한 관찰과 관심이 없으면 만들 수 없는 이야기들을 담고 있다. 우리가 마음 깊이 숨겨놓았던 것들을 골목 끝 조그만 음식점을 통해 보여주는 것이다. 동병상련同病相憐, 이심전심以心傳心이라는 말이 있듯이 인간의 마음을

읽는다는 것은 상대방의 심중에 들어갈 정도로 꼼꼼한 관찰의 기술 없이는 불가능하다.

이처럼 삶을 변화시키는 기본적 기술은 사물을 눈여겨보는 관찰의 기술이다. 관찰이란 '평범한 것에서 특별한 것을 찾아내는 과정'이기 때문에 아이디어를 떠올리는 힘을 기르는 데 결정적인 습관이다.

> 장마비 내리자 물가에 서 있는 물새의 다리가 짧아지네

> 이 숲도 흰 눈이 얹힌 나뭇가지였겠지

인용한 두 개의 짧은 글은 단 하나의 문장으로 한 편의 시조를 완성하는 일본의 하이쿠이다. 물에 잠긴 물새의 다리에서, 한 덩이 숲에서, 작가는 무엇을 보고 있는가?

관찰은 시각적인 정보에 의해 사물의 외형을 인식하는 것이 아니라, 사물의 속내를 해독한다는 뜻이다. 평소에 이런 습관을 갖게 되면 내면에서 사물의 변화나 움직임을 그냥 흘려버리지 않고 세심하게 분석하고 해석하는 습관이 생긴다. 이른바 관찰을 위한 마음의 자동 조정 장치가 생기는 것인데, 이는 그 자체로도 하나의 성취이며 훌륭한 삶의 도구가 된다. 술자리에서 새로운 통찰의 가능성을 발견하거나 잠자리에 들기 전까지 고민에 빠져 있다가 새벽에 문득 눈이 뜨여 모든 상황이 이해가 되고 고민 해결의 아이디어가 생기는 때가 있다. 평소에 관심을 기울이던 문제와, 그동안 축적된 자신의 지식과 경험이 자연스럽게 뒤섞여 새로운 의미를 파생시켰기 때문인데, 이것이 바로 전략적 관찰의 힘이 작동한 결과다.

"꿈을 꾸는 사람은 그 꿈을 닮아간다."

이 앙드레 말로André Malraux의 말처럼 우리는 우리가 관심을 갖는 것을 닮아간다. 그 문제를 해결할 만한 생각, 사고의 경계, 범위에 대해 최소한의 선택을 해야 한다는 뜻이다.

문제 그 자체를 풀어내야겠다는 막연한 의욕이나 생각만 가지고는 머릿속에서 아무런 응답이 오지 않는다. 생각과 사고의 효율화가 필요한 것이다. 따라서 문제를 바라보는 관찰에도 요령이 필요하다. 이러한 전략적 관찰의 기술에는 다섯 가지가 있다.

첫째, 앞과 뒤를 모두 살펴야 한다. 총체적이고 균형 잡힌 생각이 중요하다. 서양 의학은 환부만을 도려내지만 동양 의학은 몸 전체라는 맥락 속에서 고통의 원인을 읽는다. 문제의 전후좌우 모두를 살펴 유기적인 연관성을 파악하라. 코넌 도일Arthur Conan Doyle의 소설 속 명탐정 셜록 홈즈Sherlock Holmes나 모리스 르블랑Maurice Leblanc의 소설 속 괴도 뤼팽Lupin이 사고하는 방향성을 탐지해 보라. 이들은 주위에 널려 있는 단서들을 전방향에서 입체적으로 관찰한다.

둘째, 본능과 직관을 믿어야 한다. 구체적이고 확실하지 않더라도 뭔가 매력적인 관점이 나타날 가능성이 있다면 그것에 몰두하라. 드러나지 않은 부분, 막연한 부분이라는 생각 그 자체가 고정관념일 수도 있다. 에드거 앨런 포Edgar Allan Poe의 「도둑맞은 편지The Purloined Letter」에서 도둑맞은 편지가 있었던 곳은 아무도 주의를 기울이지 않았던 편지통이었다는 점에 주목하라.

셋째, 속단해서는 안 된다. 관찰과 해석은 별개의 문제다. 우리의 지각 능력은 뛰어나지 못해서 온갖 유형의 자료들을 구분하지 않고 하나의 자료에 밀어 넣는 경우가 종종 있다. 관찰의 시기엔 관찰만 하라. 눈앞에 나타난 모든 것을 그것 자체로 받아들이라. 해석과 판단의 시간은 언제나 마지막이다. 현실 세계에 대한 왜곡을 방지하기 위해 지금 이 순간에 집중하는 자제력과 순간순간의 경험을 있는 그대로 수용하는 능력이 중요하다.

넷째, 수정하라. 전반적인 상황과 생각·판단·분석의 흐름에 대한 속기록速記錄이 필요하다. 사건과 상황의 변화 속에서 맞추고 틀어지고 엇갈리는 생각의 조각들을 반영하고 작성하고 수정하라. 결국 아이디어는 마지막에 웃는 자의 것이다.

다섯째, 귀담아 들어야 한다. 대화는 최고의 관찰 방법이고 경청은 귀로 듣는 것이 아니라 마음으로 느끼는 것이며, 상대방의 입장을 이해하는 것이다. 혼자 작업하는 시인이나 화가조차도 새장 속의 새든 이웃집 아저씨든 가리지 않고 적극적으로 대화하며 작업한다. 가난 속에서도 불멸의 화가로 거듭난 고흐가 자신의 동생 테오와 주고받은 편지 속에서 그의 예술혼이 성숙했음을 기억하라.

마찬가지로 마케팅의 세계 역시 고객들에 대한 집요하고 면밀한 관찰이, 수많은 제품 가운데서도 소비자들의 눈에 단연 돋보이는 제품인 '퍼플 카우Purple Cow'와, 높은 수익과 빠른 성장을 약속하는 미개척 시장인 '블루 오션Blue Ocean'을 만들어낸다.

여성용 면도기인 '질레트 비너스Gillette Venus'는 목욕탕에서 다리털을 제거하는 과정에서 미끄러질 때 발생하는 부상을 막기 위해 손잡이를 둥글게 만들어 초대박 제품이 되었다. 고객 지향적 디자인으로 유명한 아이디오IDEO의 히트 상품 중엔 어린이용 칫솔이 있다. 이 제품은 아이들이 칫솔질을 놀이로 인

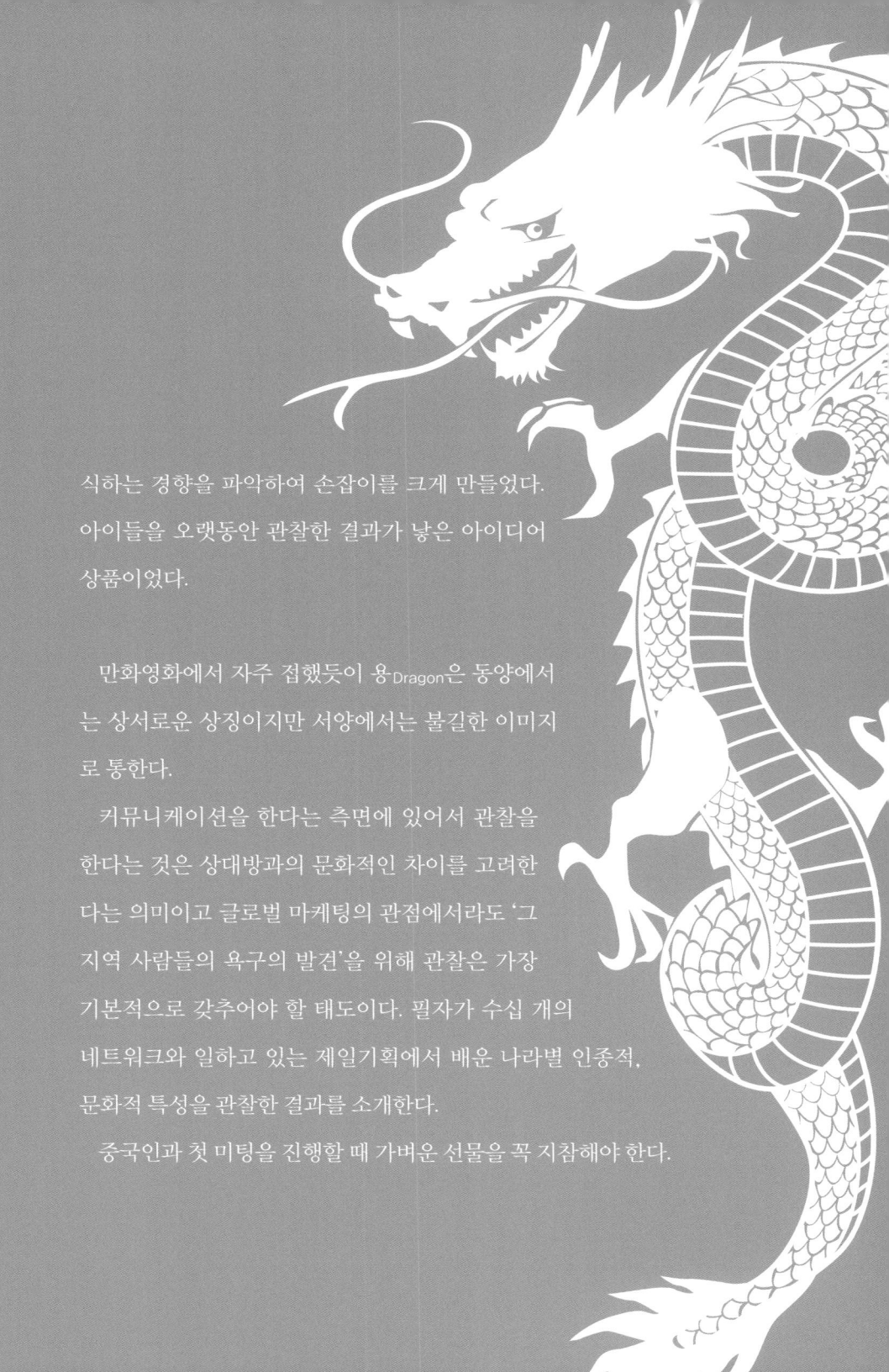

식하는 경향을 파악하여 손잡이를 크게 만들었다. 아이들을 오랫동안 관찰한 결과가 낳은 아이디어 상품이었다.

만화영화에서 자주 접했듯이 용Dragon은 동양에서는 상서로운 상징이지만 서양에서는 불길한 이미지로 통한다.

커뮤니케이션을 한다는 측면에 있어서 관찰을 한다는 것은 상대방과의 문화적인 차이를 고려한다는 의미이고 글로벌 마케팅의 관점에서라도 '그 지역 사람들의 욕구의 발견'을 위해 관찰은 가장 기본적으로 갖추어야 할 태도이다. 필자가 수십 개의 네트워크와 일하고 있는 제일기획에서 배운 나라별 인종적, 문화적 특성을 관찰한 결과를 소개한다.

중국인과 첫 미팅을 진행할 때 가벼운 선물을 꼭 지참해야 한다.

보통 중국의 경우 방문객에게 선물을 주는 관습이 있는데 빈손으로 중국 기업을 방문하면 방문한 기업에서 제공하는 선물을 받을 때 당황스러울 뿐 아니라 상대방에게 결례가 된다. 이때 시계, 우산, 부채 등은 삼가야 하며, 선물 포장은 홍색이나 황색 계열이 좋다. 중국에서는 식사가 함께 진행되는 비즈니스가 비일비재하다. 이때 중국의 식사예절을 알고 있어 부적절한 테이블 매너를 보이지 않는 것이 중요하다. 예를 들어 좌석배치 시 입구 쪽이 바로 보이는 좌석은 원칙적으로 호스트가 앉는 자리이므로 비워두는 것이 좋다. 그리고 일본인과 같이 술을 첨잔하는 문화이므로 상대방이 술을 권할 때 술이 남았다고 계속 잔을 비우게 되면 혼자 취하게 되는 낭패를 보게 된다. 발음의 유사성 때문에 선호되거나 금기시되는 말들 또한 확인해둘 필요가 있다. 예컨대 중국인들은 숫자 6, 8, 9를 선호하는데 이는 6과 '流(술술 풀린다, liu)', 8과 '發(돈을 벌다, fa)', 숫자 중 가장 큰 9와 '久(오래 지속되다, jiu)'가 발음이 유사하기 때문이다.

브라질인은 대화할 때 제스처가 강하며 평소 신체접촉을 즐긴다. 대화 때 다양한 신체부위를 적극적으로 사용하면서 대화하고 상대방의 눈을 마주보며 이야기를 나누는 습관이 있다. 또한 브라질에서 주의해야 할 수신호가 있다. 한국에서는 욕을 의미하는 수신호가 브라질에서는 '행운을 빈다'는 의미로 사용되고, 한국에서는 'OK'나 '돈'을 의미하는 수신호가 브라질에서는 욕으로 사용된다. 브라질인은 큰 소리 내는 것을 좋아하지 않기 때문에 음식점, 호텔 등에서 서비스가 마음에 들지 않더라도 조용히 차분하게 말해야 한다.

러시아인과는 개인적이고 비공식적인 커뮤니케이션 채널을 통해 관계를 구축하고 신뢰를 얻는 것이 중요하다. 비즈니스 협상의 많은 부분이 비공식적인 자리에서 결정되는 경우가 많다. 러시아인은 비즈니스에서 인간관계를 무엇보다 중시하기 때문에 얼굴을 맞대고 상담을 하지 않으면 비즈니스는 성공할 수 없다. 또 러시아에서 비즈니스를 할 때는 가급적 바이어와의 교신내용을 문건으로 남겨야 한다.

　인도인들은 다른 사람을 빤히 쳐다보는 것을 실례라고 생각하지 않는다. 또한 인도인은 시간관념이 정확하지 않고 약속시간에 약간 늦는 것을 별로 신경 쓰지 않는다. 그러므로 약속시간 지연이나 변경 또는 취소가 빈번하게 일어나므로, 전날은 물론 당일이라도 여러 번 확인하는 게 좋다. 또 인도는 서식書式 문화가 심해 모든 행정처리 및 절차가 서류로 시작해 서류로 끝난다. 그리고 인도인에게 머리를 좌우로 돌리는 행동은 'Yes'를 의미한다. 'Yes'의 제스처는 한국과는 정반대이지만, 'No'의 경우는 한국과 같다.

상징화

　하늘 아래 새로운 것은 없다. 새로운 결합이 있을 뿐이다. 관찰을 통해 우리가 얻는 것은 이런 새로운 '연결고리'의 가능성이다.

　열정과 관찰을 통해 요소 간 결합 가능성을 찾게 되면 그동안 축적한 모든 인식적 정보들을 총동원하여 새로운 관점을 찾을 수 있게 된다. 이른바 관계를 재창조하는 상징을 찾는 작업이다. 상징은 덜 구체적인 것과 보다 의미 있는 것의 구체적인 통합을 의미하며, 눈에 띄지 않는 것을 눈에 띄게 해주는 연결고리가 된다.

　대부분의 크리에이터creator들은 불확실하지만 도발적인 은유를 통해 이런 짝짓기를 시도하며 일상과 일탈의 경계를 넘나든다. 이것이 프로와 아마추어의 차이다. 예를 들어 '박지성은 폭주기관차'라는 비유를 보자. 적절한가? 새로운가? 놀라운가? 결국 눈에 띌 것인가? 아마도 대부분은 적절하지만 놀라움은 없다고 할 것이다. 그런데 만약 누군가 '박지성은 세련된 뉴요커'라고 했다면 어떤 반응이 올까? 아마도 눈에 띄긴 하겠지만 그 결합을 납득시킬 만한 근거를 제시할 수 없다면 일시적인 주목에 그치고 말 것이다.

　남들이 듣거나 보지 못했던 새로운 짝짓기를 위해서는 새로운 관점을 찾아내야 한다. 우리는 아는 것은 편안해하고 좋아하는 한편, 모르는 것은 불편해하고 싫어한다. 이것이 매력적인 상징화를 방해한다. 그러나 아이디어의 대가들은 세상을 본질적으로 모순된 것이라고 생각한다. 따라서 그들은 은유와 비유 등의 상징적 기법을 통해 모순된 두 개의 개념을 동시에 받아들여 새로운 관계의 가능성을 제시한다. 예컨대 그들은 박지성에게서 프리미어리거Premier Leaguer로서의 모습뿐 아니라 헐렁한 후드 차림에 애완견을 끌고 편의점으로 가는 모습을 찾아내어 세련된 뉴요커 이미지를 결합시킨 결과물을 우리 앞에 새롭게 선보이는 것이다.

관찰의 결과물들을 상징화하는 습관을 들여야 한다. 습관은 효율적이며 믿을 만한 것이다. 새로운 습관은 우리를 변화시키고 우리에게 용기를 준다.

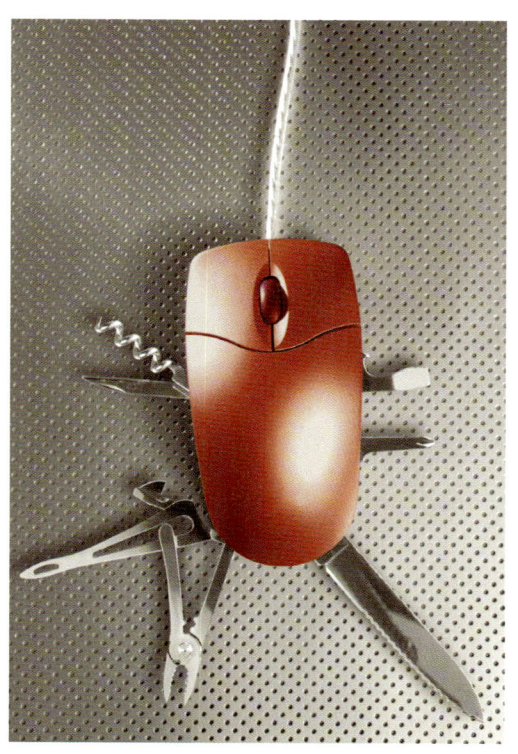

구성

영화 〈인셉션〉은 꿈과 현실을 오고 가는 구성으로 이루어져 있다. 이런 구성은 단지 영화 속 인물들만의 이야기가 아니다. 이런 인물들의 이야기를 바라보는 관객의 입장 역시 어떤 것이 현실이고 어떤 것이 꿈인지가 명확했으면 하는 욕망으로 이 영화를 바라본다. 영화는 꿈이 가진 공간의 힘으로 인과관계들을 마구 뒤섞어놓지만, 그러면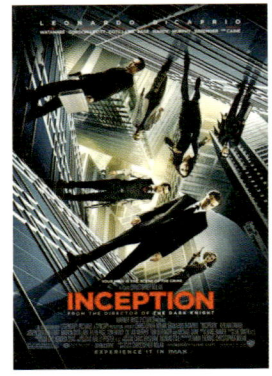
그럴수록 그걸 바라보는 관객의 앞뒤 전후 사정을 엮어놓으려는 욕망은 더욱 커진다. 전 단계의 꿈에서 보았던 작은 오브제는 다음 꿈에서 다른 형태로 나타나는데, 거기에 대해 영화가 아무런 부연설명을 하지 않더라도 관객들은 자동적으로 그것을 연결해서 생각하게 된다. 구성의 힘이 영화의 독특한 매력을 만들어내고 주제에까지 닿아 있는 것이다

상징화된 아이디어는 스토리의 형식으로 작화되고 전개되어야 한다. 단순히 개별적인 사실이 아니라 감성적인 유대감으로 연결되어야만 자연스러운 참여가 뒤따르게 되기 때문이다. 의도된 메시지임을 아는 순간 관객이나 소비자는 등을 돌리게 마련이다.

따라서 중요한 것은 아이디어를 받아들일 수 있는 자연스러운 흐름, 즉 구성 또는 이야기를 만들어야 한다는 것이다. 그런 이야기의 바탕 위에서 수용

자 혹은 고객들의 자발적 개입을 유도할 참여 프로그램을 만들어야 고객들은 거부감 없이 받아들이게 되는 것이다.

몇 년 전 필자는 에버랜드의 마케팅 전략 개발을 위해 LA에 있는 디즈니랜드를 방문한 적이 있었다. 그때 가장 크게 느꼈던 점은 에버랜드는 단순한 놀이의 공간이지만 디즈니랜드는 스토리의 공간이라는 점이었다.

하나의 놀이 공간이나 놀이 기구를 기획할 때 단순히 즐거움과 스릴에만 집중하는 것이 아니라 그 놀이 기구를 중심으로 하나의 이야기를 만든 것이다. 서부 개척사 같은 과거의 향수든, 우주여행 같은 미래에 대한 호기심이든, 혹은 디즈니 애니메이션·영화의 줄거리든 각각 테마 속에 스토리를 갖고 있었다. 에버랜드가 단순한 놀이의 공간이라면, 디즈니랜드는 감성적 유대감의 공간이었던 것이다. 코카콜라를 전 세계에 알리는 데 앞장선 주연배우는 상상 속에 존재하던 산타클로스의 이미지였다. 이 세상에서 가장 비싼 그림이 〈모나리자〉인 까닭은 루브르 박물관이 절대로 팔지 않겠다고 공언했기 때문이다. 그 사실만으로 〈모나리자〉의 가격은 계속 높아지고 있다. 나이키의 스워시 로고가 한 대학원생이 만든 35달러짜리 디자인이라거나 애플의 스티브 잡스가 암을 극복한 뒤 매일 우직한 삶을 살아가라고 이야기한 스탠포드 졸업식 환영사는 그 자체가 구성과 스토리의 힘이다. 문화적 이정표가 된 예술품이나 변치 않고 사랑받는 빅 브랜드일수록 다양하고 변치 않는 이야기 Brand myth를 가지고 있다. 그러한 스토리가 고객들에게 그 브랜드를 기억할 수 있게 하는 원천임을 기억하라.

참여

소비자들에게 브랜드를 각인시키기 위한 방법 중의 하나는 소비자들이 직접 브랜드 형성에 참여케 하는 것이다. 최근 마케팅 현장에서 논의되고 있는 브랜드 참여Brand Engagemen나 브랜드 감염Brand Contamination이 바로 이것이다. 소위 자연스럽게 아이디어의 확산이 이루어지게 만드는 방법이다. 이것은 비단 인터넷 같은 쌍방향 미디어만의 이야기가 아니다.

최근 우후죽순처럼 늘어나면서 일정한 시청률을 올리고 있는 서바이벌 프로그램이 좋은 사례가 된다. 이런 프로그램들에서는 시청자들이 투표에 직접 참여하는 형식이 한 몫을 단단히 하고 있다.

또 '세상을 바꾸는 15분'이나 '삼성 TED'와 같이, 물리적 공간에서도 상호 소통과 지식 산업을 키우는 아이디어가 급격히 늘어나고 있는 추세다. 심지어 고객에게 일을 시키니 오히려 매출이 늘더라는 사례까지 기사화되고 있다. 조선일보의 2011년 6월 23일자 기사에 따르면, 롯데마트의 경우 고객이 직접 과일을 한 봉지 가득 담게 하는 행사를 벌인 뒤 매출이 1.5배나 늘었다는 것이다. 패밀리 레스토랑에 가면 샐러드 바에서 '샐러드 가득 담기' 경쟁이 벌어지는 심리를 이용한 아이디어로 대박을 터트린 것이다. 이런 아이디어를 통해 고객의 참여가 증가한 것이다.

소셜 미디어SNS나 플래시 몹Flash Mob과 같은 이벤트처럼 고객이 스스로 재미있게 참여할 수 있는 마케팅 아이디어는 최근 쌍방향 미디어의 폭발적 증

가 추세로 인해 더욱 늘고 있다.

　프랑스의 탄산수 페리에Perrier는 지난 2011년 6월 초 유튜브youtube 플랫폼에 재미있는 디지털 인터렉티브 캠페인을 선보였다. '페리에 클럽Le Club Perrier'이라는 타이틀의 이 캠페인은 유튜브 채널에서 6개의 영상 콘텐츠를 공개하고, 영상을 보는 사람이 많으면 많을수록 단계별로 더 색다르고 비밀스러운 콘텐츠가 담긴 영상을 추가적으로 공개하는 시스템으로 구축되었다. 이 캠페인은 '유튜브 영상을 보는 사람이 많으면 많을수록 더 뜨겁고 섹시한 영상을 감상할 수 있다(The more people who watch, the hotter the party!)'는 콘셉트 아래 이루어졌다. 티저를 포함해 채널에서 공개된 영상을 보면 한 여성이 섹시하고 뜨거운 분위기의 은밀한 파티장을 둘러보며 마지막에는 페리에 음료를 마시는 모습을 담고 있다. 티저를 제외한 stage2에서 stage6까지 모든 영상에서 여성이 파티장을 방문하는 모습을 담은 것은 동일하지만 유튜브 채널의 영상 조회 수가 많아지는 만큼 높은 단계로 올라갈수록 영상에 담겨져 있는 파티장의 분위기는 더 섹시하고 뜨거운 분위기로 변화하게 된다. 페리에의 이 인터렉티브 디지털 캠페인은 채널 방문자들이 '숨겨져 있는 더 섹시하고 선정적인 영상을 보기 위해' 채널 영상을 SNS채널을 통해 더 많은 사람들에게 알리고 홍보하게 하는 액티브한 참여를 유도하며 크리에이티브한 방식으로 유튜브 채널의 플랫폼을 인터렉티브하게 활용했다는 점에서 매우 인상적이라고 생각된다.

아이디어를 만들어내기 위한 내면의 자동 조종 장치를 설계했는가? 기본적 토대가 마련되었다면 구체적으로 아이디어를 만드는 네 가지 방법에 대해 살펴보자.

아이디어 발상법①
투사법 – 나무에 숨겨진 숲의 진실

아이디어의 원천은 가까운 곳에 있다. 어떤 문제에 봉착하면 우리는 곧잘 다른 곳에서 해답을 찾으려고 한다. 하지만 일상, 자연의 삼라만상森羅萬象이 모두 내가 고민하는 문제를 해결해줄 아이디어의 보고다. 현장이 답이다. 현장에 가야 현실을 만날 수 있고, 현실 속에 진실이 숨겨져 있다. 관찰을 통해 현실 속에 숨겨진 진실을 발견할 수 있다.

관찰을 하더라도 어떤 관점과 시점時點, 시각視覺에서 관찰하느냐에 따라 전혀 다른 결과를 얻을 수 있다. 관찰은 관점이다. 마케터의 관점에서 보느냐, 아니면 생산품질 관점에서 보느냐에 따라 동일한 관찰 대상도 전혀 다르게 보인다. 관찰은 시점이기도 하다. 즉 과거, 현재, 미래 시점 중에서 어떤 시점을 선택해서 관찰하는지에 따라 다르게 관찰된다. 또 관찰은 시각이다. 정면에서 바라볼 때와 측면에서 바라볼 때, 그리고 후면에서 바라볼 때 동일한 현상도 다르게 관찰될 수 있다.

관찰이 통찰을 부르고 통찰이 창조를 일으킨다. 뭔가 색다른 창조를 하려면 경쟁 기업뿐만 아니라 전반적인 시장 동향을 꾸준히 관찰할 필요가 있다. 관찰을 하는 이유는 불규칙한 현상 속에서 일정한 패턴을 발견하고 법칙을 정립한 다음에 향후 일어날 미래의 사태를 조망하거나 예측하기 위해서다. 벤치마킹benchmarking(경쟁 기업으로부터 배워 자기 회사에 응용·적용함) 대상 기업을 관찰할 경우 관점과 시점, 그리고 시각을 달리해서 동일한 현상이라도 세

번 이상 관찰해보고 그 결과의 차이를 비교·분석해볼 필요가 있다. 결과가 다른가? 관찰 결과의 차이를 강제로 통합할 필요는 없다. 관찰은 관점과 시점, 그리고 시각에 따라 다르게 나타나기 때문이다.

그렇다면 비즈니스 아이디어와 관련된 첫 번째 관찰의 대상은 어디인가? 당연히 제품 그 자체다. 광고계의 거장 데이비드 오길비David MacKenzie Ogilvy는 "모든 마법은 제품 속에 있다"고 말했다. 우선 탐정의 눈으로 주도면밀하게 파악하라. 제품에 대한 주도면밀한 연구와 관찰이 선행되지 않고 아이디어를 만들어낸다는 것은 어불성설이다. 비단 대상에 대한 물성적物性的 연구만을 말하는 것이 아니다. 설득력 있는 광고를 만들기 위해서는 거시적 관점에서 '이해'해야 한다. 높이 나는 새가 멀리 본다는 말처럼, 남들보다 넓은 시야로 관찰할 때 다른 이들이 미처 발견하지 못한 중요한 설득 포인트가 눈에 띌 것이다. 김홍도의 그림 〈씨름〉을 한번 보자.

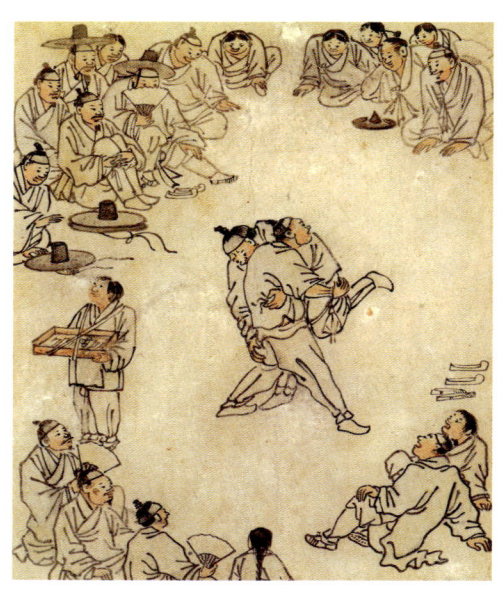

이 그림을 단편적으로만 보면, 그저 '씨름 경기를 여러 구경꾼들이 지켜보고 있군'이란 생각에 그칠 것이다. 그러나 『한국의 미 특강』이라는 책을 쓴 미술사가 오주석 선생처럼 관중들 한 명 한 명을 유심히 관찰해보면 그들의 직업이며 성격, 당시의 감정 등을 유추해낼 수 있다. 예컨대 이 그림에서 똑바른 자세에 긴장한 듯한 사람은 다음에 출전할 선수일 것이고, 입을 벌리고 몸을 앞으로 숙인 사내는 우리가 일상에서 흔히 그렇듯 경기에 몰입되어 빨려들 듯이 집중하고 있는 사람일 것이고, 오른쪽 팔을 뒤로 짚으며 몸을 뒤로 기울인 사내는 선수들이 자기 쪽으로 쓰러질까 봐 두려워하는 사람이다. 이처럼 세심히 관찰한 뒤에는 거시적인 조망도 필요하다. 멀찍이서 다시 대상을 관찰하는 것이다. 이렇게 세부적인 관찰과 거시적인 관찰이 결합되어야 진정한 의미의 관찰이라고 할 수 있을 것이다.

대상을 세심하고 폭넓게 바라보았다면, 이번에는 대상의 뒤에 감추어진 배경으로 시선을 옮겨보자. 우선 시를 하나 보자.

내용 없는 아름다움처럼

가난한 아희에게 온
서양 나라에서 온
아름다운 크리스마스 카드처럼

어린 양(¥)들의 등성이에 반짝이는
진눈깨비처럼

— 김종삼, 「북 치는 소년」 전문

처음 이 시를 접했을 이에게 묻는다. 당신은 이 시가 무엇을 의미하는지 알 수 있는가? 시적 화자가 어떤 심정인지, 어떤 상황인지 이해가 되는가? 잘 모르겠다면, 이 시에 대한 신경림 시인의 해설을 한번 들어보자.『신경림의 시인을 찾아서』라는 책을 통해 신경림 시인은 이 시에 대해 이렇게 말하고 있다.

거리에는 눈발이 날리겠지, 그 속을 외투 깃을 세우고 허리를 구부정하니 걸어가는 김종삼 시인이 생각난다. 잡도 속을 크리스마스 캐럴 〈북 치는 소년〉이 울려 퍼지고 진열창 안에서는 환상적인 북국의 설경을 그린, 또는 눈이 큰 이국의 소녀가 진눈깨비 속에서 양떼를 몰고 가는 그림을 그린 크리스마스 카드가 아이들을 유혹하리라. 저 카드들이 크리스마스가 되어도 아무 은혜도 받지 못하고 살아가는 아이들을 위한 것이라면 좋으련만, 어쩌면 시인은 이런 생각을 하면서 이 시를 썼을는지도 모른다.

이제, 비록 맑은 눈의 영혼을 가졌으나 가난함과 현실적 무력감을 가만히 받아들이며 쇼윈도 앞에서 물끄러미 크리스마스 카드를 쳐다보고 있는 그가 보이는가? 대부분의 예술품들이 그러하듯이 작가가 살던 시대의 역사적 배경과 그의 사상적 바탕을 이해하지 않고서는 그의 작품을 이해하기 어려운 것은 불문가지不問可知다.

마찬가지로 어떤 프로젝트든 아이디어 도출 과정의 첫 번째는 그 프로젝트의 출범 배경을 파악하는 것이다. 그렇지 않고서는 적확한 아이디어를 도출하기 어려울 것이다. 광고 기획이나 경쟁 프레젠테이션의 경우도 예외가 아니다. 도대체 이 제품을 왜 지금 광고하려고 하는지, 왜 지금 경쟁 PT(피티, 프레젠테이션)를 붙이는지에 대한 광고주의 의도부터 정확하게 파악하지 않으면 핵심적인 설득 포인트나 브랜드 콘셉트의 방향성을 찾을 수 없게 된다.

제품을 마케팅하게 된 배경 및 광고주의 의도를 듣는 자리를 광고주 오리엔테이션이라고 한다. 다시 말해 제품을 왜 만들었는지, 왜 광고하려 하는지, 어떤 기능을 가지고 있는지, 경쟁 제품은 무엇인지, 누구에게 이 제품을 팔려고 하는지, 유통이나 가격상의 특징은 무엇인지를 광고주의 입을 통해 직접 듣게 된다. 이 자리에서 광고주를 통해 숨은 마케팅 의도를 대부분 파악하게 되고, 부족할 경우 담당자나 책임자의 직접 인터뷰를 통해 확인할 수 있다.

1999년 모某 종금사의 광고를 담당하던 때의 일이다. 광고주는 우리에게 이렇게 말했다.

"우리 기업을 좀 알려주십시오. 바깥에 우리를 오해하는 사람들이 많습니다."

금융 위기가 온 나라를 어지럽히던 시절, 우리는 그 기업의 금융 건전성에 집중하여 광고 시안을 만들었다. 그러나 그 기업 사장님의 반응은 냉담하다 못해 심한 질타에 가까웠다.

"누가 광고를 이렇게 만들라고 했습니까? 드러내놓고 자랑을 하면 우린 더 욕

을 먹습니다. 우리가 착한 기업이라고, 고객과 늘 함께 하겠다고 이야기를 해 주셔야죠."

아뿔싸! 광고주의 숨은 의도를 헛짚었던 것이다. 그 기업은 단순한 자신감의 피력이 아니라 금융 건전성에 대한 일반인들의 의구심을 불식시킬 목적으로 광고를 집행하려 했던 것이다. 이런 배경에 대한 파악이 끝났다면 광고의 목표라는 과녁이 눈앞에 떠오르게 된다. 이제 이 과녁을 명중시킬 아이디어를 만들 차례다. 어떻게 만들어낼 것인가?

우리가 만든 광고는 이런 것이었다.

대상을 거시적으로 관찰하여 새로운 관점을 찾았고, 배경이 되는 정보를 탐색하는 것까지 마쳤다면, 이제 그 결과물을 낼 차례다. 먼저 필자가 관찰을 통해 만들어낸 해찬들의 광고를 살펴보자.

와인은 와인 표면과 공기 속 산소가 만나야 제맛이 난다. 주문을 하고 40~50분이 지나야 비로소 맛의 균형이 잡히는 것이다. 우리의 장도 숙성과 발효의 과정 속에서 깊은 맛이 배어난다. 훌륭한 와인과 장 모두가 기다림의 미덕

속에 탄생하는 것이다.

　쌈장 맛이 좋다는데 무슨 말이 더 필요하랴. 쌈에 대한 모든 것, 배추, 상추, 깻잎, 고추, 실파, 대파, 마늘……. 그리고 그 화룡점정인 쌈장……! 이 모든 것을 가지고 쌈의 여의주, 해찬들 쌈장을 품을 용을 만들어보자. 이렇게 만들어진 광고는 디자이너의 섬세한 관찰력이 돋보였다는 평가를 받았다.

　이처럼 세심하고 노련한 관찰의 힘에 의해 탄생한 또 하나의 멋진 광고로 세계적인 일본 디자이너인 나오토 후쿠사와의 작품이 있다. 말이 필요 없는 먹음직스러운 음료 패키지다.

아이디어 발상법 ②
관점 전환법 – 맥락이 바뀌면 세상도 바뀐다

이 물고기 그림은 당신에게 어떤 의미가 있는가? 당신이 어떤 생각을 하는지 맞추려면 당신의 직업부터 살펴야 할 것이다. 당신이 요리사라면 '어떻게 요리를 할까?'일 것이고, 당신이 낚시를 즐긴다면 '어디서 잡을 수 있지?'라는 생각을 할 것이고, 당신이 화가라면 '어떻게 그렸을까?' 하며 그림의 화풍에 먼저 생각이 미칠 것이다. 뭐 눈에는 뭐만 보인다고 하듯이 사물은 하나지만 사물에 대한 인식은 우리의 지적·경험적 체계를 투영하기 때문에 우리의 생각은 십인십색, 백인백색이다.

특정한 사건이 우리의 인식 체계를 바꾸어 놓기도 한다. 예컨대 빨간색은 당신에게 어떤 의미가 있는가? 공산당, 정열, 정육점, 청량리, 립스틱, 홍삼원……. 그런데 2002년 월드컵 이후 우리에게 빨간색은 어떤 의미인가?

이제 '붉은 악마'는 우리나라 축구 응원 문화

아이디어 엔진 작동법 **69**

의 상징이 되어버렸다. 이렇듯 상징 체계는 우리가 어떤 의미를 부여하느냐에 따라 달라진다.

보는 이의 태생적·직업적 요인 때문이건 특별한 사건 때문이건, 관점이 달라지면 맥락이 달라지고 대상의 의미를 다르게 해석하게 된다.

다음 그림을 보자.

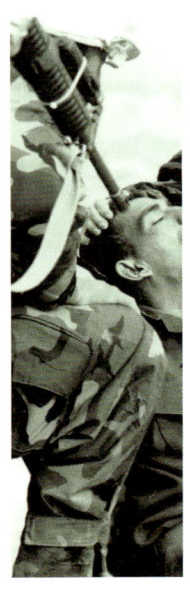 

첫 번째 그림 속에서는 지친 포로를 향해 총구를 겨누고 있는 군인의 비정함이 느껴진다. 두 번째 그림은 어떤가? 포로에게 물을 먹이는 인류애의 현장이다. 표면적으로 맞는 말이다. 그러나 정말 그럴까? 전체적인 맥락을 따져보면 사진의 의미는 완전히 달라진다.

이송 중이던 지친 포로에게 물을 먹여주는 순간일 뿐이다. 왜 의미가 달라지는가? 개별적인 사실을 전체적인 맥락 속에서 살필 때 전혀 새로운 의미가 생겨나기 때문이다. 보는 사람의 관점에 따라 맥락이 달라지고 맥락이 달라지면 의미가 바뀐다. 다시 말해 만약 관점 전환을 통해 맥락을 자유자재로 바꿀 수만 있다면 우리는 얼마든지 하나의 대상에서 수만 가지의 새로운 의미를 부여할 수도 있다는 얘기다.

르네 마그리트 René Magritte는 "사물이 이름을 갖고는 있지만 우리가 새로운 이름을 찾을 수 없는 것은 아니다"라고 말했다. 우리가 기존에 흔히 접해왔던 이미지, 언어도 새로운 맥락을 만나면 전에 없던 의미를 창조해낼 수 있다는 말이다.

르네 마그리트, 〈꿈의 열쇠〉

예를 들어 '가을'이라는 단어에서 당신이 일상적으로 떠올리는 이미지는 무엇인가? '가을'이라는 단어는 하나지만 우리들 머릿속에 떠오르는 이미지, 의미는 아마도 십인십색 모두 조금씩 다를 것이다. 사람들마다 총체적인 인식의 바탕이 모두 다르기 때문이다. 당신은 어떻게 대답할지 모르겠지만 만약 당신이 '결실의 계절'이라거나 '추석', 혹은 '남자의 계절'이라고 답했다면 그 이미지들은 사람들의 열광적인 호응을 얻지는 못할 것이다. 남들의 머릿속에 이미 자리 잡고 있는 진부한 이미지로는 새로움을 줄 수 없기 때문이다.

이제부터는 맥락적 사고를 무수히 대입해볼 수 있음을 유념하라. 다시 '가을'을 소재로 몇 가지 예를 들어보자. 먼저 가을은 '생각' 그 자체를 생각나게 하는 계절이다. 여기서 누군가는 사유의 계절로서의 가을을 떠올리겠지만 또 누군가는 특정 주제에 대한 마음의 지도인 마인드맵을 떠올릴 수도 있다. '생각'이라도 같은 생각은 아닌 것이다. 가을을 노래한 시나 노래를 떠올리는 사람도 있을 것이다. 안도현의 시 「가을 엽서」도 있고 양희은이 부른 노래 〈사랑 그 쓸쓸함에 대하여〉도 있으며, 패티 김의 〈가을을 남기고 떠난 사람〉도 있다. 이문세가 부른 〈광화문 연가〉나 〈가을이 오면〉, 〈옛사랑〉도 있는데, 여기서 이문세의 노래들을 만든 이영훈이라는 작곡가를 떠올리는 사람도 있을

파블로 피카소, 〈늙은 기타리스트〉   장 프랑스와 밀레, 〈이삭줍기〉

것이다. 이문세는 이영훈에 대해 "나에게 이영훈은 나무 같은 사람"이라고 평하기도 했는데 이들은 모두 가을에 대한 이해와 인식이 남달랐던 사람들이다.

시각적인 이미지에 익숙한 사람은 피카소의 〈늙은 기타리스트〉라는 작품이나 밀레의 〈이삭줍기〉를 떠올릴 수도 있다. 피카소의 〈늙은 기타리스트〉는 1902년 가을의 파리가 배경인데, 가을 하늘처럼 짙은 청색을 주조로 하여 노인이 찬란했던 과거의 유산이자 현재의 생계수단인 기타를 치는 모습을 통해 인생의 한 단면을 놀랍도록 명징하게 보여준다. 반면에 〈이삭줍기〉는 풍성함과 가난함이 공존하는 계절로서의 가을을 보여준다. 같은 그림이라도 가을에 대한 인식은 이처럼 하늘과 땅 차이다.

'가을운동회'를 떠올리는 사람도 있을 것이다. 아이들이 아니라 어른들의 잔치였던, 뛰는 가슴을 다시 느끼고 싶은 어른들의 난장이었던 아주 오래 전의 그 가을운동회 말이다. 이와 유사하게 소풍을 떠올리는 사람도 있을 것이다. 이름 없는 누군가의 무덤 위에서나 황량한 벌판 위 양지 바른 곳에서 있었던, 미래에 대한 두려움보다 희망이 더 많았던 옛 시절의 그 소풍. 이뿐만이 아니다.

누군가는 낙엽이 쌓인 가을날의 길 위에서 '길' 그 자체를 연상하고, 누군가는 집 나간 며느리도 돌아오게 만든다는 가을 전어에서 '회귀回歸'라는 단어를 떠올릴 수도 있다. 또 누군가는 비 온 다음날의 낙엽落葉에서 흔들리다 끝내 떨어지고야 만 가련한 존재, 참을 수 없는 존재의 끈적함을 느낄는지도 모른다.

하나의 단어에서 이처럼 많은 이미지를 떠올릴 수 있는 힘은 인문학적 소양의 깊이와 연관된다. 누군가 내게 광고 아이디어의 정체가 무엇이냐고 묻는다면 나는 서슴없이 인문학적 소재들에 대한 관심과 결합이라고 대답하겠다. 우리가 발명왕 에디슨처럼 이 세상에 전혀 없던 무엇인가를 만들어내려는 게 아니라 새로운 인식, 이미지를 사람들의 마음속에 유일하되 공감 가게 심어주고자 하는 것이라면, 그것은 결국 '최초의 개념'이라기보다는 '새로운 개념'에 가까울 것이다. 필자와 같은 광고인들은 평소 수많은 인문학적 소재들을 머릿속에 쌓아놓고 있다가, 제임스 웹 영James Webb Young의 말처럼 그것들이 결합하는 어느 한순간 '유레카!'를 외치게 된다.

이제 광고나 마케팅의 세계에서도 제품의 특성이나 이미지 차별화가 날로 어려워지고 있다. 제품의 기능에만 집중해서는 차별화를 꾀하기 어려워지자, 고객의 욕구를 바탕으로 상상력과 아이디어를 통해 새로운 가치를 만들어내고 결합시키는 것이 관건이 되었다. 사실 광고 커뮤니케이션은 제품끼리의 싸움이라기보다 고객이 인식하는 제품 이미지끼리의 싸움이기 때문에 광고 설득 기술에는 이런 상상력이 절대적으로 필요하다. 혹자는 이런 상상력의 토대를 가치 전환의 프레임, 또는 맥락적 사고라고 부르고 있다.

맥락적 사고를 바탕으로 만들어진 나의 광고 중에 코레일Korail의 〈당신을 보내세요〉 캠페인이 있다. 우리는 핸드폰을 통해 목소리를 전달하는 것으로 안부를 대신하는 시대에 살고 있다. 이 캠페인은 목소리만을 전달해왔던 디지털 시대의 피상적인 커뮤니케이션 대신에 기차를 타고 당신이 직접 가서 얼굴을 맞대고 이야기하는 진정한 커뮤니케이션을 하라는 메시지를 던진다. '기차를 탄다'는 단순한 행위를 커뮤니케이션이라는 맥락 속에서 바라봄으로써 정서적 가치를 지닌 행위로 바꾼 것이다. 각박해져가는 시대에 우리가 지켜가야 할 미덕을 제품 속에 잘 녹였다는 호평을 받으며 대한민국 광고 대상 동상을 수상했다.

마케팅에서 이런 맥락적 사고를 통해 기존의 관점을 전환하여 성공을 거둔 예는 무수히 많다. 일본에서는 팔리지 못하고 재고로 쌓여 있던 훌라후프를 비닐하우스의 지지대로 사용해 엄청난 이득을 본 사례가 있다. 건강과 미용이 주된 이용 목적이던 훌라후프를 반으로 자르면 비닐하우스 지지대가 된다는 관점 전환이 새로운 시장의 기회를 만들어준 것이다.

대표적 청바지 브랜드인 리바이스의 경우도 마찬가지 사례다. 단단하고 질긴 군용 천막을 탄광 광부의 바지로 변모시키고, 다시 도시 생활자들의 일상복으로 바꾼 힘은 맥락적 사고를 통해 기존 관점을 전환한 결과였다.

맥락을 바꿔보면 기차는 단순한 교통의 수단이 아니라 진정한 커뮤니케이션의 수단이 된다.
디지털 시대가 주지 못하는 인간적이고 아날로그적인 소통의 방식을 제안하는 코레일의 광고

맥락적 사고에 익숙해지기 위해서는 인문학적 소양을 쌓으려는 노력에 더해 다음과 같은 발상법을 숙지해야 한다.

- 그것을 길게, 또는 짧게 하라.
- 그것을 반복하라.
- 그것의 색깔을 바꾸어보라.
- 그것의 일부를 바꾸라.
- 그것을 대조·대비·비교해보라.
- 그것을 확대하라.
- 그것을 분해하라.
- 백그라운드(후광)을 이용하라.
- 숫자로 호기심을 이끌어보라.
- 호기심이 가는 단어·문장으로 표현해보라.
- 문자도 그림이다. 비주얼처럼 생각하라.
- 그것을 의인화하라.
- 과장해보라.
- 유명한 격언·명언·속담·고사성어·한자를 활용하라.
- 생략하라.
- 상징을 사용하라.

아이디어 발상법 ③
역발상법 – 고정관념의 뒤통수를 쳐라

꿀벌 세 마리와 파리 세 마리를 병에 넣어 캄캄한 방에 놓아두고 한참 뒤에 방에 약간의 빛을 흘러들어 가게 한다. 막혀 있는 병 밑바닥을 빛을 향해 돌려 놓고 병의 좁은 입구가 어둠을 향해 열려 있을 때, 어떤 결과가 나타날까? 놀랍게도 파리만이 탈출에 성공했다. 왜 이런 일이 벌어졌을까?

벌들은 본능적으로 '출구는 곧 밝은 곳'이라고 생각한다. 하지만 파리는 특정한 생각에 얽매이지 않는 습성이 있다. 결국 여기저기 탐색한 끝에 파리만이 2분도 안 되어 입구를 찾아 병 밖으로 빠져나왔다. 이런 습성 덕분에 파리는 고산, 극지방, 심지어 사람 가까이서도 잘 산다.

우리도 혹시 벌들같이 '이런 건 원래 안 돼'라거나 '그거 예전에 해봤는데 안 되더라'는 생각에 갇혀 살고 있는 건 아닐까? 오히려 그 반대의 생각이 새로운 탈출구가 될 수 있지 않을까?

고정관념의 뒤통수를 쳐라! 생각의 감옥에서 벗어나 생각에 날개를 달아주자. '당연하다'고 생각하고 다르게 생각하는 노력을 멈추거나 '물론 그렇다'고 가정하면서 문제 제기를 하지 않으면 지루한 인생이 반복될 뿐이다. 생각의 물구나무서기를 일상화해 답이 보이지 않으면 거꾸로 뒤집어보자. 추상미술을 창시한 칸딘스키Wassily Kandinsky도 우연히 자신의 얼굴이 거꾸로 뒤집혀진 이미지를 보고 영감을 얻었다고 한다.

색다른 발상을 하려면 사물이나 대상을 분류하는 체계나 라벨Label에서 벗어날 필요가 있다. 사물을 원형과 본질 그대로 바라보면서 기존에 그 사물이 맺고 있던 관계를 다르게 분류해보고 구분해보는 연습이 창조의 시작이다. 고정관념은 내 생각을 구속하는 원흉이다. 고정관념은 자기도 모르게 영원히 고칠 수 없는 '고정본능'으로 자리 잡는다. 탈을 바꿔 쓰듯이 지금까지와는 다르게 볼 때 또 다른 가능성이 열린다. 예를 들면 스테이플러에 심이 없을 수도 있다는 가정을 하면 '심이 없는 스테이플러'를 떠올리는 게 가능해지는 식이다.

한마디로 말해 당신이 고민하고 있는 문제 자체를 뒤집으라. 당신의 사고 그 자체는 이미 이 세상이 인정하고 있는 보편타당성에 기대고 있다. 그 너머에 해답이 있을 수 있다. '고르디아스의 매듭'을 푸는 대신 잘라버렸던 알렉산더 대왕과, 달걀을 똑바로 세우기 위해 달걀 끝을 깨뜨렸던 콜럼버스를 기억하라.

역발상으로 문제를 해결한 또 다른 사람 중엔 밴저민 프랭클린Benjamin Franklin도 있다. 1784년, 프랭클린이 파리에서 근무할 때, 파리의 상인들과 시민들은 양초가 너무 비싸서 골머리를 앓고 있었다. 해가 빨리 지는 동절기는 더욱 문제였다. 프랭클린은 문제를 해결하기 위해 고심했다. '값싼 양초를 만들자', '더 오래가는 양초를 만들자', '양초 유통을 투명하게 하자'. 하지만 뾰족한 수를 찾을 수 없었다. 오랜 고민 끝에 그는 문제 자체를 뒤집기에 이르렀다. 양초의 문제에서 시간 그 자체의 문제로.

'온 나라가 다 같이 시계를 앞으로 돌리면 상점의 영업 시간을 해가 떠 있는 시간에 맞출 수 있다!'

해가 짧은 겨울에 시계를 한 시간 빨리 돌려놓으면 상점은 해가 떠 있는 동안 장사를 하고 해가 지면 가게 문을 닫을 수 있게 된다. 이 아이디어는 후에

아이디어 엔진 작동법

르네 마그리트, 〈사람의 아들〉   르네 마그리트, 〈겁탈〉   르네 마그리트, 〈겨울비〉

'서머타임Summer time' 제도가 도입되는 발판이 되었다.

현대미술 역시 역설과 전복이라는 역발상의 관점에서 태동했다. 데페이즈망dépaysement은 원래 '환경의 변화'를 뜻하는 말이지만, 낯선 물체끼리의 만남을 통해 기존의 고정관념과는 전혀 다른 이미지를 연출하는 초현실주의 사조의 기법 중 하나다. 데페이즈망의 주요 기법에는 다음과 같은 것들이 있다.

- **결합** 서로 다른 것을 결합하거나 합성하기
- **전복** 위계나 순서, 가치, 상황을 전복시키기
- **제거** 원래의 맥락이나 상황으로부터 대상을 떼어내거나 전체에서 한 부분을 덜어내기
- **변형** 대상의 성질을 변형시키기
- **역설** 역설적인 상황을 조성하기

데페이즈망 기법을 구사하는 대표적인 화가가 바로 '상상력의 화가' 르네 마그리트이다. 마그리트는 "나는 이전에 그 누구도 생각하지 않았던 방식으

파블로 피카소, 〈황소머리〉

메레 오펜하임, 〈오브제, 모피로 된 아침 식사〉

로 사물을 보고 생각한다"고 말했다. 그의 놀라운 상상력은 논리를 뒤집고 기존의 질서를 파괴하며 만들어낸 기이한 형상을 낳는다. 주위의 평범한 사물을 낯설게 그려, 고정관념에 사로잡혀 있던 대중들에게 일침을 가한다.

피카소 또한 "우리는 모두 어제를 파괴할 권리가 있다"라고 말한 바 있다. 피카소의 작품 〈황소머리〉의 재료는 쓰레기장에서 주위온 자전거 안장과 핸들이다. 폐물에서 황소의 이미지를 발견해낸 피카소의 상상력이 놀랍다. 피카소는 이 작품을 완성한 후에 "쓰레기라 해도 위대한 가능성은 예술품의 재료가 될 수 있다"고 말했다.

독일 태생의 미술가인 메레 오펜하임 Méret Oppenheim은 파리의 어느 카페에서 피카소와 대화를 나누고 있었다. 피카소가 오펜하임의 팔찌에 모피가 달린 것을 보고 다른 것들도 모두 모피로 씌우면 어떻겠냐는 제안을 했는데, 오펜하임은 여기에서 아이디어를 얻어 〈오브제, 모피로 된 아침 식사〉를 만들었다. 오브제는 일상에서 평범하게 만날 수 있는 사물들이 예술의 대상이 되었을 때 그 사물을 부르는 말이다. 이러한 시도는 우리에게 너무 익숙해서 의식하지 못했던 존재들을 상기시키며 상식에서 벗어난 자유로운 연상을 가능케 한다.

살바도르 달리Salvador Dali의 〈기억의 지속〉이라는 작품 속에서 시계는 딱딱하지 않고 축 늘어져 올리브 나무에 걸려 있다. 이는 딱딱함이라는 속성을 그 반대되는 속성인 유연함으로 대치시킨 것인데, '시간은 유연하다'는 상대성 원리를 시각화하고 있다.

마크 퀸Marc Quinn의 〈셀프Self〉는 그가 자신의 피를 뽑아서 자기 두상 모양으로 굳혀 만든 작품이다. 인간의 몸에 흐르는 총 혈액량과 동일한 약 4리터를 5개월간 모았다는 점에서, 이 작품은 몸의 순간적 현존과 그것이 지닌 아름다움을 포착하고 있다. 인간의 신체를 이용해서도 예술품을 만들 수 있다는 생각은 어디에서 비롯되었는가? 고정관념과 금기를 뛰어넘은 역발상이었다. 냉동장비에 의해서만 그 형태를 유지할 수 있기 때문에, 1996년 제작된 두 번째 〈셀프〉는 관리 부주의로 녹아버린 것으로 유명하다.

신체의 일부보다 충격적인 것을 예술의 소재로 삼은 예술가도 있다. 피에로 만초니Piero Manzoni는 30그램의 배설물을 90개의 캔에 담아 당시 같은 무게의 금과 같은 가격으로 팔았다. 똥도 예술이 될 수 있다는 생각은, 예술품이

살바도르 달리, 〈기억의 지속〉

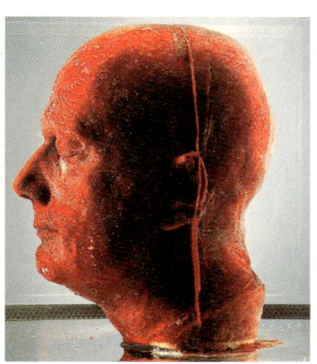
마크 퀸, 〈셀프〉

피에로 만초니, 〈예술가의 똥〉

피에로 만초니, 〈세계의 대좌〉

라면 으레 어떠해야 한다는 고정관념을 극단에서 뒤집어야 가능한 생각일 것이다.

만초니의 또 다른 작품 〈세계의 대좌〉 역시 역발상에 뿌리를 두고 있다. 보통 '대좌'라 하면 불상을 올려놓는 자리를 뜻하는데, 만초니는 이 대좌를 뒤집어 위아래를 바꾸어놓았다. 이로써 대좌가 세상을 머리 위에 이고 있는 형상이 되었다. 어쩌면 이 지구상에서 가장 큰 예술품일지도 모를 〈세계의 대좌〉. 역발상의 극치라 하겠다.

페르난도 보테로Fernando Botero는 콜롬비아의 화가이자 조각가로, 사람을 마치 바람이 가득 든 튜브처럼 표현하여 독특한 양감을 드러내는 작가로 유명하다. 특히 옛 거장들의 작품을 패러디한 작품과 현대 사회를 풍자한 작품들이 많다. 왜 예술은 고도비만에 가까운 신체를 표현하길 꺼리는가? 보테로

페르난도 보테로, 〈얼굴〉

아이디어 엔진 작동법 **83**

는 고정관념을 뒤집어 보여주며 우리에게 묻고 있다.

마케팅의 본질도 그러하거니와 아이디어 역시 그 속성상 새로움과 놀라움이 기본 전제이기에, 남들이 늘 하고 있는 생각을 뒤집었을 때 제품의 속성과 잘 맞는다면 빅 아이디어가 될 수 있다.

이제껏 사람들은 '인생은 짧고 예술은 길다'고 생각해왔다. 정말 그런가? 통계적 수치를 대입해보면 2020년에는 인간의 평균 수명이 100살을 넘어간다고 한다. 조선시대처럼 조혼을 한 것이 아닌데도 시어머니는 물론 시할머니까지 모시는 며느리가 나오지 말라는 법이 없는 것이다. 내게 대한민국 광고대상의 영광을 안겨준 삼성생명의 〈인생은 길기에〉 캠페인은 '이제 인생은 길다'라는 역발상에서 출발했다.

역발상에서 출발한 〈인생은 길기에〉 캠페인

내가 좋아하는 일본의 광고 크리에이티브 디렉터 오카 야스미치岡康道의 광고 중 〈산토리 올드〉 캠페인이 있다. 이 캠페인에서 오카는 사랑에 관한 인간의 심리를 역발상의 관점에서 풀어냈다. 필자도 나이가 쉰이 다 되어가지만, 나이가 든다고 해서 사랑의 설렘과 두근거림이 모두 사라지는 것은 아니다. 사라져서도 안 될 것이다. 아무리 나이가 들었다고 하더라도 사랑은 영원하다. 하지만 캠페인은 주장한다. '오히려 나이가 들수록 사랑의 감정은 새롭다'고.

중년 남성과 젊은 여성의 짧은 마주침. 두 사람 사이에 미묘한 감정이 형성될 때, '사랑은 먼 훗날의 불꽃이 아니다'라는 카피가 등장한다. 뒤이어 캠페인의 슬로건인 'OLD is NEW'가 나타난다. 사랑의 경우엔 오래된 것이 새로운 것이다. 역발상 아이디어의 수작이다.

역발상 아이디어의 수작, 〈산토리 올드〉 캠페인

여) 과장님 뒷모습을 보는 게 참 좋아요
남) (뿌듯해하면서) 그만해.
여) 잠깐, 지켜봐도 좋을까요?
NA) 사랑은 먼 훗날의 불꽃이 아니다!

나이키가 2002년 칸 광고제에서 대상을 탄 작품 또한 마찬가지로 일반적인 생각의 반대편에 있다. 이 광고를 만든 제프 굿비 Jeff Goodby의 이야기를 직접 들어보자.

"우리는 운동을 하고 있는 거고, 이건 아주 쉽게 보이지만 절대로 그렇지 않다. 우리는 스포츠맨으로 인정받아야 한다."
이때 갑자기 '그래, 이거구나!' 하는 생각이 들더군요. 뭐냐 하면 소위 합법적인 스포츠 선수들도 스케이트보드 선수들처럼 무시당하고 경찰들

한테 쫓겨나고 하는 광고를 만들어야겠다는 생각을 했어요. 골퍼들, 육상 선수들, 테니스 선수들한테 그런 일이 발생하도록 말이지요.

2002년 칸 광고제 대상을 수상한 나이키 광고

굿비는 섬세하게 관찰한 끝에 '모두가 스포츠로 인정하는 종목을 금지한다면……'이라는 역발상을 얻어냈다.

'미모도 경쟁력'임을 내세운 엔프라니 광고

기업들이 신입사원들을 뽑는 기준에서 외모가 차지하는 비중이 얼마나 될까? 아니, 역사를 살펴봤을 때 여성에게 있어 외모는 경쟁력에 얼마나 도움이 될까?

'역시 진정 중요한 것은 실력이야!'라고 하는 일반인들의 상식의 반대편에서 '여성의 미모도 경쟁력이다. 20대의 탄력 있는 피부를 지켜라'라고 단도직입적인 메시지를 던진 엔프라니의 광고 캠페인도 역발상의 산물이다.

정말 편안한 호텔을 어떤 이미지로 표현할 수 있을까? 안락한 이미지를 강조하는 대다수의 호텔 광고 사이에서, 지난밤 남자친구와 술을 마시며 어지럽힌 방의 이미지를 내세운 호텔 광고가 있었다. 내 집 같은 호텔, '내 집'에 대한 역발상을 시도한 암스테르담의 한스 브링커 호텔의 광고였다.

'내 집' 같은 호텔을 내세운 한스 브링커 호텔의 광고

정말 모든 부모는 시종일관 자식들을 애지중지 생각할까? 꼭 그런 것만은 아닐지도 모른다. 걸핏하면 떼를 쓰는 아이는 부모에게도 처치 곤란한 존재일 수밖에 없다. 자주Zazoo의 콘돔 광고는 피임을 하지 않았을 때 맞이하게 되는 최악의 상황(?)을 보여주며 소비자들의 공감을 이끌어내고 있다.

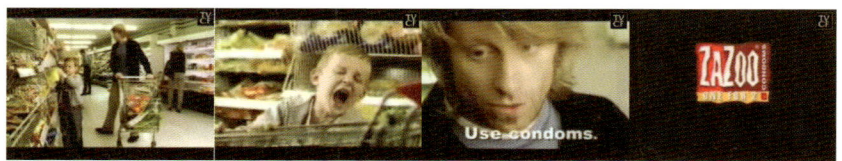

아이들은 말썽꾸러기, 그러니 콘돔을 쓰라는 자주의 콘돔 광고

관광객 유치 광고 대신 아름다운 섬을 지킬 사람을 뽑는다는 구인 광고를 제작한 호주 관광청

아름다운 비경祕境의 세계로 오라는 관광 유치 광고를 오히려 이곳을 지키는 사람을 뽑는다는 구인 광고로 만들어 더 큰 반향을 일으킨 호주 관광청 광고 또한 기막힌 역발상의 결과물이다.

사람들이 흔히 생각하는 여성의 아름다움이 사실은 조작되고 왜곡되었음을 지적하는 미용 브랜드의 광고도 등장했다. 도브Dove의 〈리얼 뷰티〉 캠페인은 수많은 여성들이 현실에서는 결코 도달할 수 없는 기존의 아름다움에 스스로를 끼워 맞추느라 자신을 혹사시키고 있음을 폭로하며, 현재의 내 모습을 사랑하라는 메시지를 던진다.

여성의 진정한 아름다움을
역발상을 통해 재정의한
도브의 〈리얼 뷰티〉 캠페인

역발상을 활용한 아이디어가 비단 지면이나 영상 광고에만 국한된 것은 아니다. 옥외 광고는 꼭 건물 위에에만, 지하철역에만 설치해야 하는 걸까? 휘영청 밝은 보름달에 나이키 로고가 새겨져 있다면, 그 광고 효과는 어느 정도일까? 하늘, 해변의 모래사장, 여성의 팬티 위, 그리고 당신의 머리나 몸의 일부분까지, 이 모든 곳이 광고가 실릴 수 있는 미디어가 된다.

마케팅에서도 역발상 아이디어를 통해 빅 브랜드가 된 사례는 무수히 많다. 외국 여행을 다녀오면 비행기 티켓 가격이 여행 경비의 절반을 차지할 정

비행 편대를 이용하여 푸른 하늘을
광고 미디어로 이용한 경우

해변의 모래사장에 롤러를 통해
로고와 메시지를 삽입한 경우

도로 항공기 이용료는 고가이다. 사람들은 커다란 비행기를 타고 하늘을 가로질러 날아간다는 사실 때문인지 이런 고가의 이용료에 별로 이의를 제기하지 않는다. 사우스웨스트 항공은 '비행기에서도 박리다매가 가능할까?'라는 역발상으로 새로운 사업 모델을 만들어냈다. 음식이나 잡지, 영화 상영 등과 같은 기본적인 기내 서비스를 대폭 줄이고 필요한 사람들에 한해서만 제공하여 항공료를 저렴하게 받는 상품을 만들어낸 것이다. 시간이 곧 돈인 비즈니스 목적의 승객들을 겨냥하여, 비행기를 빠르고 저렴한 운송수단으로 변모시킨 사우스웨스트 항공은 남들이 보지 못한 '저가 항공'이라는 블루 오션을 개척했다.

애플을 대표하는 MP3 플레이어인 아이팟에는 전원 버튼 하나만 있고 나머지는 모두 휠을 통해 작동된다. 만약 엔지니어가 만들었으면 가능한 일이었을까? 여러 가지 기능을 사용하려면 버튼이 반드시 필요하다는 생각을 뒤집는 디자인 아이디어가 시대의 아이콘인 아이팟을 만들었다. 정형화된 디자인을 엎어버려 새로움을 창조한 것이다.

세계적인 컴퓨터 제조 회사 델Dell은 '컴퓨터로 컴퓨터를 팔아볼 수는 없을까?'라는 역발상을 통해 유통 경로를 획기적으로 바꾸었다. 매장을 없애고 인터넷으로 컴퓨터를 판매했더니 줄어든 매장 유지비용만큼 더 싼 가격으로 소비자에게 컴퓨터를 팔 수 있었다. 물건은 언제나 매장을 통해 소비자들과 만난다는 기존의 생각을 뒤집고 유통 경로를 과감하게 줄여 경제적 이익을 창출한 것이다.

과거에 시계는 대표적인 스위스산 정밀 제품 중 하나였지만 1960년대에는 일본산 전자제품, 오늘날에는 액세서리 제품이 되었다. 스위스의 패션 시계 브랜드인 스와치Swatch의 존재를 통해서도 알 수 있듯이, 시계는 오랜 시간 동안 끊임없이 자신의 정체성을 바꾸며 살아남았다. 제품의 개념을 흔쾌히 뒤집을 줄

하나의 액세서리로 정착한 스와치 시계

아는 역발상이 시계를 가장 사랑받는 액세서리 가운데 하나로 만든 것이다.

일상 속 문화 공간으로 자리 잡은 스타벅스

스타벅스Starbucks는 '집과 직장, 그리고 스타벅스'라는 모토 아래 집이나 직장만큼 편안한 제3의 공간이 되고자 한다. 하지만 단순히 커피를 마시는 장소에 머무르지 않고, 문화를 파는 공간을 지향한다. 사람들은 스타벅스에서 바리스타가 내리는 커피 향기와 함께 일상의 여백을 즐기는 것이다.

이밖에 특유의 거친 엔진 소리마저 브랜드화한 할리데이비슨Harley-Davidson 오토바이, 술병을 넘어서 하나의 예술작품이 된 앱솔루트 보드카Absolute Vodka 등의 사례를 봐도 성공적인 마케팅은 기존의 틀을 깸으로써 가능해진다는 것을 알 수 있다. 역발상으로 사물을 새롭게 인식하면서부터 창조적인 아이디어가 샘솟고, 마케팅을 성공으로 이끄는 것이다.

  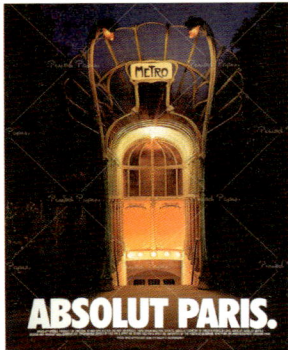

상상력을 통해 예술작품으로 다시 태어나게 된 앱솔루트 보드카

아이디어 발상법 ④
감염법 – 인간의 오감은 이유를 묻지 않는다

인류에게 언어가 없었을 때, 인간은 춤을 추고 노래를 불렀다. 전쟁에서 이기거나 양식을 얻었을 때, 춤과 노래는 언어를 대신할 수 있는 유일한 커뮤니케이션 수단이었다. 언어가 생겼음에도 여전히 인간은 춤추고 노래한다. 인간이란 본질적으로 유희적 존재다.

최근 들어 마케팅과 광고에는 인간의 이러한 유희 본능을 자극하려는 움직임이 활발하다. 춤과 노래는 물론이고, 색깔이나 소리를 이용해서 브랜드 아이덴티티 만들기가 유행이다. 유희적 노래나 춤 등을 통해 대주들을 감염시키는 소위 '감염 마케팅'의 일환이다. 에쓰오일 광고에 등장하는 CM송의 멜로디와 가사가 대표적이다.

이런 방식으로 접근하면 제품 자체를 통한 차별화가 쉽지 않은 상황에서 감성적 존재로서의 소비자에게 좀 더 밀착할 수 있다는 장점이 있다. 마케팅 집행 효율도 높다. 왜냐하면 노래나 춤 등을 활용한 광고는 소비자들이 부지

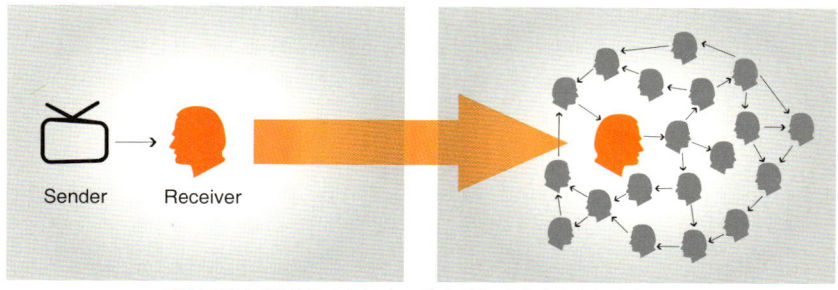

기존 커뮤니케이션의 송수신자 모델과 감염 마케팅의 송수신자 모델

코엑스 앞에 전시되어 고객들이 사진 찍는
명소가 된 빙그레 바나나 맛 우유 패키지

불식간에 따라 하는 과정에서 소비자 자체가 광고 미디어가 되는 바이럴 마케팅viral marketing 효과까지 가져다주기 때문이다.

촛불 시위나 월드컵에서 보았듯이 우리나라 사람들은 일시적이고 즉흥적이며 다분히 감정적인 형태로 소통하는 경향이 있다. 정확한 정보가 아님에도 인터넷을 통해 정보가 폭발하듯이 확산된다. 또한 적지 않은 사회·문화적 쟁점이 어린 연령층의 주도로 형성된다는 점도 우리나라에서 오감을 이용한 감염 마케팅 아이디어가 유효한 이유다. 관심과 참여를 이끌어내기만 하면 때로는 엄청난 효과가 나타난다.

감염 마케팅이 춤과 노래만을 이용하는 것은 아니다. 자발적인 참여를 이끌어내는 방법은 생각보다 다양하다. 월드컵 기간 중에 전 국민의 참여를 유도했던 SK텔레콤의 레드 데블스Red devils, 붉은 악마 응원 광고나 앞서 살펴본 호주 관광청의 관광객 유치 광고, 부조리를 없애기 위해 정신 차리자는 태국의 D7 캔 커피 광고는 이런 의미에서 모두 감염 마케팅의 일환이라 할 것이다.

전체를 꿰뚫는 능력과 디테일의 힘

지금까지 아이디어, 특히 비즈니스 아이디어의 요소와 그 발상법들을 살펴보았다. 그러나 구슬이 서 말이라도 꿰어야 보배다. 이런 요소와 기법들을 유기적으로, 때론 순차적으로, 그리고 때론 역순으로, 종횡무진 뒤섞고 종합하는 능력이 없다면 아이디어는 아이디어에 그칠 뿐 비즈니스 상 유의미한 결과물을 만들어내지 못할 것이다.

아이디어들을 종합하는 과정에서 가장 먼저 신경을 써야 할 부분은 디테일이다. 디테일의 중요성에 대해 노자는 이미 "큰 나라도 작은 물고기를 요리하듯 다스리라"고 가르쳤다. 20세기 건축을 대표하는 건축가 루드비히 미스 반 데어 로에 Ludwig Mies van der Rohe는 "신은 언제나 디테일 속에 있다"라고 말했고, 중국의 원자바오 溫家寶 총리는 "아무리 작은 문제라도 13억을 곱하면 아주 큰 문제가 된다"라고 설파했다. 그런가 하면 마더 테레사 Mother Teresa는 "작은 일에 충실하십시오. 당신을 키우는 힘은 바로 거기에 있습니다"라고 말했다. 디테일에 충실하지 못하면 아무리 원대한 목표도 무용지물이라는 말이다. 아이디어가 아무리 좋더라도 그것을 세상에 선보이고 사람들의 관심을 얻으려면 제품이나 서비스, 혹은 콘텐츠의 기술적 완성도나 디테일의 힘이 더해져야 한다.

영화 〈아바타〉가 거둬들인 수익은 2010년을 기준으로 18억 달러를 넘었다. 영화사상 최고의 흥행작 〈타이타닉〉과 같은 수준이다. 이러한 영광의 주인공은 〈터미네이터〉와 〈타이타닉〉의 제임스 카메론 James Cameron 감독이다.

〈아바타〉의 성공에는 나비족과 인간의 대결을 흥미롭게 그린 시나리오의 몫이 크다. 하지만 3D 입체 영상을 훌륭하게 구현해낸 기술력의 비중도 무시할 수 없다. 배우의 몸 곳곳에 컴퓨터 센서 수십 개를 장착, 미세한 움직임까지 컴퓨터 그래픽 CG 으로 구현한 모션 캡처 Motion capture 방식과, 배우의 얼굴 표정을 여러 대의 소형 카메라로 촬영하여 수많은 미묘한 감정 변화까지 잡아내는 이모션 캡처 Emotion capture 방식은 전 세계 3D 영상의 새로운 지평을 열었고, 가상 카메라 Virtual Camera 를 개발해 CG 캐릭터들을 실제 인물처럼 감정이 살아있는 존재로 탄생시켰다. 디테일 하나하나에 모든 정성을 기울인 것이다.

또한 세계 최고 수준의 예술가들로 팀을 구성해 영화 속 등장인물과 생물체, 의상, 무기, 운송수단, 환경 등을 매우 구체적으로 디자인하게 했다. 언어학 전문가의 도움을 받아 판도라의 토착 종족만을 위한 언어를 만들었다. 과학자에게 판도라 식물들이 왜 밤이 되면 형광 빛을 띠는지, 어떤 원리로 하늘 위에 산이 떠 있는지 등에 대한 근거들을 만들게 해 판도라 생리에 설득력을 더했다. 끝으로 각 분야의 전문가들이 서로 장벽 없이 토론해 시너지 효과를 극대화했다.

〈아바타〉는 4년간의 제작 끝에 12년 만에 선보인 영화지만, 이 장대한 프로젝트는 1977년 당시 트럭 운전사로 일하던 카메론 감독이 〈스타워즈〉를 본 순간 시작됐다고 한다. 카메론 감독은 모든 액션과 어드벤처, 로맨스가 펼쳐지는 행성 판도라를 '이국적이고 이질감이 느껴지면서도 어딘가 낯익은 세계'로 창조해냈다. 〈늑대와 춤을〉, 〈원령공주〉 등과 비슷하다는 비판도 있었지만 카메론은 마술사처럼 상투적인 스토리를 친숙한 스토리로 바꿨다. 모방을 짬뽕 표절에 머무르게 하지 않고 적절히 융합해 창조적 전환을 일궈낸 것이다. 물론 디테일의 힘이 작용한 결과였다.

이처럼 콘텐츠와 콘텐츠를 실현한 기술, 콘텐츠에 사실성을 부여하려는 세부적인 노력들이 모여 〈아바타〉의 성공을 견인했다. 그 결과 제임스 카메론은 3D 입체 영상으로 디지털 영상 시장 전체를 아우르는 새로운 장을 열 수 있었다. 이는 스티븐 스필버그가 칼라 TV의 등장으로 영화 산업이 위기에 처했을 때 작은 화면으론 절대로 표현할 수 없는 공포와 스릴을 〈죠스〉를 만들어 영화 산업의 새로운 돌파구를 열었던 것에 비견될 일이다. 아무리 내용이 좋더라도 기술적 뒷받침, 디테일의 힘이 없다면 다양하고 좋은 아이디어가 제 힘을 발휘하지 못함을 가르쳐준다.

100미터 달리기 기록을 15초에서 10초대로 5초 단축한 기록과 10초에서 9.8초로 0.2초 단축한 기록 중 어느 쪽이 더 훌륭한 성취일까? 그 답은 모리스 그린Maurice Greene이 0.2초를 단축하자 세계적인 선수로 거듭났다는 사실에서 잘 알 수 있다. 진짜 바둑의 고수는 결정적 순간에 반 집을 읽을 수 있는가 하는 것이다. 우리에게 필요한 능력은 0.2초를 단축시키고 반 집을 읽어내는 능력이다. '작은 차이'를 만드는 능력이 필요하다.

디테일의 힘이 국가나 기업 경영에서 빛을 발한 사례는 무수히 많다. 중국의 전 총리인 저우언라이周恩來는 '대충', '아마', '그럴 수도 있다'는 말을 가장 싫어했다고 한다. 그는 손님과의 만찬에 앞서 늘 국수 한 그릇을 먹었는데 "손님을 불러놓고 내 배가 고프면 먹는 데만 급급할 것 아닌가"라고 말했다. 이 같은 세심함이 중국 외교를 승리로 이끈 비결이었다.

"작은 일에 최선을 다해야 큰일을 할 수 있다."

이것이 저우언라이가 세심함의 중요성에 대해 한 말이다.

대만 최고의 갑부 왕융칭王永慶 포모사 회장은 쌀을 판매하던 시절 돌과 이물질을 골라내서 판매했고 노인 고객에게는 배달 서비스를 시행하여 '좋은 쌀을 편하게 살 수 있는 가게'라는 인식을 퍼뜨렸다. 또한 세심함을 발휘하여 "고객의 쌀독 크기, 식구 수, 식사량을 파악하여 세부사항을 연구 개선하면 생산력은 2~4배로 증가할 것"이라고 말했다. 패스트푸드 전문점 KFC의 경쟁력은 엄격한 제품 관리 제도에서 나온다. KFC의 성장에 대응하기 위해 설립된 중국의 패스트푸드 전문점 룽화지榮華鷄는 KFC와의 대결에서 디테일에 밀려 패하고 말았다. 룽화지가 제공하는 음식에는 계량화된 규정이 없었고 음식의 질도 일률적이지 않았다. 또한 위생 상태와 서비스의 질이 보장되지 않아 사원들은 고객들이 보는 앞에서 파리채로 파리를 잡기도 하고 볶음밥과 프라이드치킨도 뚜껑을 덮지 않은 채 진열대에 쌓아놓고 팔았다. KFC는 제품과 서비스의 질을 꼼꼼하게 관리하기 위해 일찍이 CHAMPS 전략을 도입했다.

Cleanliness(청결) : 깔끔하고 깨끗한 환경 유지

Hospitality(환대) : 진실하고 친절한 응대

Accuracy(정확) : 정확한 공급

Maintenance(유지) : 우수한 설비 유지

Product quality(품질) : 양질의 제품을 안정적으로 공급

Speed(속도) : 신속한 서비스 제공

이처럼 KFC는 디테일한 부분을 표준화시킴으로써 언제나 동일한 고품질의 제품과 서비스를 보장할 수 있었다.

3
마음을 훔치는 기술, 아이디어 트레이닝

여성적 감수성에 주목하라

　기업의 광고나 마케팅은 오로지 하나의 목표를 지향한다. 제품이나 서비스를 소비자에게 판매하는 것이다. 그러기 위해서는 구매의 의사가 없거나 적은 소비자들을 설득할 수 있어야 한다. 광고나 마케팅을 위한 비즈니스 아이디어가 '설득력'을 가져야 하는 이유다. 그렇다면 누군가를 설득시킬 수 있는 아이디어는 어떻게 만들어질 수 있을까? 설득하는 아이디어의 비밀을 찾아보자.

　필자는 평소 광고계 후배들에게 훌륭한 광고인으로 성장하기 위해선 많이 읽고 많이 생각할 것을 강조한다. 광고인의 일상이 마케팅 아이디어를 내는 것이고 그 아이디어는 결국 인간의 욕구 해결을 위한 것이라면 광고인의 아이디어는 우리 삶의 모든 요소들에서 시작될 수밖에 없다. 하지만 모든 인간의 삶을 겪어볼 수는 없다. 이럴 때 간접 경험의 보고인 책이 광고인을 구원한다. 책 읽기는 광고인의 기본이다.

　필자는 일주일에 다섯 권은 읽겠다는 마음가짐으로 회사 근처 교보문고에 자주 간다. 다소 은은한 책 냄새와 책장 넘기는 소리를 들으며 이 코너 저 코너를 돌아보다가 마음에 드는 책 몇 권을 고르는 즐거움이 각별하다. 그런데 최근 대형 서점에 출입하다 보면 4,5년 전과는 큰 차이가 있다는 것을 느끼게 된다.

　우선 책 표지들이 몇 년 전과는 판이하게 달라졌다. 책의 제목이나 서체, 편집 디자인이 화려해지면서 책 한 권 한 권이 대단히 감각적으로 변해가고 있다. 겉모습부터 독자의 눈을 사로잡아야 손이 가는 건 예나 지금이나 마찬가지지만, 다만 이러한 경향이 유독 강해졌다는 것이 눈에 띈다.

베스트셀러 작가들의 면면을 살펴보면 박완서, 공지영, 신경숙, 은희경, 한비야 등, 여성적 섬세함과 유려함이 돋보이는 문체를 가진 작가들이다. 이들의 글은 70년대를 풍미한 최인호의 소설이나 80년대를 주름잡았던 이문열의 소설과 분명히 다른 성격을 지녔다. 핵심은 여성적 감수성이다. 무라카미 하루키나 에쿠니 가오리, 아사다 지로, 오쿠다 히데오 등, 섬세한 감성 표현에 능한 일본 작가들이 국내에서 큰 사랑을 받는 이유도 이와 무관치 않을 것이다.

우리 시대가 여성적 감수성으로 물든 시대라면 우리 아이디어의 방향 역시 이곳을 지향하지 않을 수 없다. 실제로 여심女心을 사로잡으려는 것은 세계적인 추세다. 이전에는 남성들에게 구매 결정권이 있었기 때문에 마케팅의 주요 타깃이 남성이었다. 그러나 지금은 여성에게 구매 결정권이 넘어간 지 오래고, 아파트나 고급 자동차까지도 여성적 감수성을 바탕으로 한 마케팅을 펼치기에 이르렀다.

따라서 여성의 마음을 이해하는 것, 여성적 감수성으로 무장하는 것이 아이디어를 만드는 기본이 되었다. 여성적 감수성을 비이성적이고 비조직적인 단순한 감상으로 치부해서는 안 된다. 여성적 감수성 안에서 살아 있는 논리와 이성, 명징한 통찰을 발견할 수 있어야 한다.

류시화 시인의 잠언 시집에 실려 있는 「어느 17세기 수녀의 기도」를 보자.

주님, 주님께서는 제가 늙어가고 있고
언젠가는 정말로 늙어버릴 것을
저보다도 잘 알고 계십니다.
저로 하여금 말 많은 늙은이가 되지 않게 하시고
특히 아무 때나 무엇에나 한마디 해야 한다고 나서는
치명적인 버릇에 걸리지 않게 하소서.
모든 사람의 삶을 바로잡고자 하는 열망으로부터
벗어나게 하소서.
저를 사려 깊으나 시무룩한 사람이 되지 않게 하시고
남에게 도움을 주되 참견하기를 좋아하는
그런 사람이 되지 않게 하소서.

제가 가진 크나큰 지혜의 창고를 다 이용하지 못하는 건
참으로 애석한 일이지만
저도 결국엔 친구가 몇 명 남아 있어야 하겠지요.
끝없이 이 얘기 저 얘기 떠들지 않고
곧장 요점으로 날아가는 날개를 주소서.

내 팔다리, 머리, 허리의 고통에 대해서는
아예 입을 막아주소서.
내 신체의 고통은 해마다 늘어나고
그것들에 대해 위로받고 싶은 마음은

나날이 커지고 있습니다.
다른 사람들의 아픔에 대한 얘기를 기꺼이 들어줄
은혜야 어찌 바라겠습니까만
적어도 인내심을 갖고 참아줄 수 있도록 도와주소서.

제 기억력을 좋게 해주십사고 감히 청할 순 없사오나
제게 겸손된 마음을 주시어
제 기억이 다른 사람의 기억과 부딪칠 때
혹시나 하는 마음이 조금이나마 들게 하소서.
나도 가끔 틀릴 수 있다는 영광된 가르침을 주소서.

적당히 착하게 해주소서. 저는
성인까지 되고 싶진 않습니다만……
어떤 성인들은 더불어 살기가 너무 어려우니까요…….
그렇더라도 심술궂은 늙은이는 그저
마귀의 자랑거리가 될 뿐입니다.

제가 눈이 점점 어두워지는 건 어쩔 수 없겠지만
저로 하여금 뜻하지 않은 곳에서 선한 것을 보고
뜻밖의 사람에게서 좋은 재능을 발견하는
능력을 주소서.
그리고 그들에게 그것을 선뜻 말해줄 수 있는

아름다운 마음을 주소서.

아멘.

— 작자 미상(17세기 수녀), 류시화 옮김

침묵과 절제와 겸손과 배려의 마음이 경건하고도 아름답게 표현된 시다. 하지만 여기에 머무르지 않고, 신념과 이성을 지닌 인간으로, 나아가 공동체의 일원인 한 개인으로서 지녀야 할 삶의 자세들이 너무나도 명확하게 드러나 있다. 오늘날에도 올바른 생활인의 정신으로, 혹은 기업 철학을 반영한 광고의 주제로 삼아도 손색이 없을 정도다.

일주일에 책 다섯 권을 읽으면 1년이면 250권
일주일에 책 한 권을 읽으면 1년이면 50권
아이디어가 관심과 결합의 산물이라면
누가 아이디어의 승자가 될까?

인문학적 소재를 활용하라

인터넷 포털 네이버가 초기화면을 개편했다.

개편 후에 가장 크게 바뀐 점은 새로 도입된 '뉴스캐스트' 서비스다. 뉴스 편집권을 이용자에게 돌려준다는 명분 아래 이용자 자신이 뉴스 제공자를 직접 설정할 수 있도록 했다. 그러나 이는 그저 정치적 이슈에 휘둘리기 싫은 네이버의 구실일 뿐, 초기 화면 개편에서 네이버가 실제로 가장 큰 공을 들인 부분은 '테마캐스트' 서비스가 아닌가 싶다. 테마캐스트에서는 요즘 유행하는 문화 이슈를 발 빠르게 전달하고, 네이버캐스트에서는 인문학 콘텐츠를 전문으로 소개한다. 포털사이트의 초기화면에 인문학 코너를 따로 마련할 정도로, 사람들의 관심과 취향이 인문학적으로 변했다.

실제로 르네 마그리트나 렘브란트Rembrandt의 미술전시회에 줄을 서고, 30~40만 원짜리 클래식 음악회에 기꺼이 지갑을 여는 사람들이 늘어나고 있다. 마케팅은 사람들의 문화적 취향을 쫓을 수밖에 없다. 인문학적 상상력을 아이디어의 바탕으로 삼아야 하는 시대가 된 것이다.

삼성전자라는 이름을 세계적 명품 회사의 반열에 올려놓은 '보르도 TV'의 성공에는 제품 자체를 만들어낸 기술력보다는 디자인의 힘이 컸다. 때마침 불어닥친 와인 열풍을 반영하여 텔레비전 테두리를 와인 잔처럼 둥글게 디자인한 텔레비전이 보르도 TV였다. 소비자의 문화적 욕구를 제품에 녹여낼 수 있었던 디자이너의 상상력을 주목하라.

다음은 「물길의 소리」라는 시에서 시인 강은교가 표현한 '물의 소리'이다. 물소리에 대한 그의 사유에서 우리는 끝없는 창조의 가능성을 만난다.

> 그는 물소리는 물이 내는 소리가 아니라고 설명한다. 그렇군, 물소리는 물이 돌에 부딪히는 소리, 물이 바위를 넘어가는 소리, 물이 바람에 항거하는 소리, 물이 바삐 바삐 은빛 달을 앉히는 소리, 물이 은빛 별의 허리를 쓰다듬는 소리, 물이 소나무의 뿌리를 매만지는 소리……. 물이 햇살을 핥는 소리, 핥아대며 반짝이는 소리, 물이 길을 찾아가는 소리…….
> 가만히 눈을 감고 귀에 손을 대고 있으면 들린다. 물끼리 몸을 비비는 소리가. 물끼리 가슴을 흔들며 비비는 소리가. 몸이 젖는 것도 모르고 뛰어오르는 물고기들의 비늘 비비는 소리가…….
> 심장에서 심장으로 길을 이루어 흐르는 소리가. 물길의 소리가.

소설가 김훈의 『자전거 여행』이라는 책 속에는 봄나물과 된장국에 대한 묘사가 돋보이는 「봄나물을 먹으며」라는 에세이가 실려 있다. 그 일부를 보자.

> 된장의 친화력은 크고도 깊다. 된장의 친화력은 이중적이다. 된장은 국속의 다른 재료들과 잘 사귀고, 그 사귐의 결과 인간의 안쪽으로 스민다. 이 친화의 기능은 비논리적이고 원형질적이어서, 분석되지 않는다. 된장과 인간은 치정 관계에 있다. 냉이된장국을 먹을 때, 된장 국물과 냉이 건더기와 인간은 삼각 치정 관계이다. 이 삼각은 어느 한쪽이 다른 두 쪽

을 끌어안는 구도의 치정이다. 그러므로 이 치정은 평화롭다. 냄비 속에서 끓여지는 동안, 냉이는 된장의 흡인력의 자장 안으로 끌려들어 가면서 또 거기에 저항했던 모양이다. 냉이의 저항 흔적은, 냉이 속에 깊이 숨어 있던 봄의 흙 냄새, 황토 속으로 스미는 햇빛의 냄새, 싹터 오르는 풋것의 비린내를 된장 국물 속으로 모두 풀어 내놓는 평화를 이루고 있다.

이 평화 속에는 산 것을 살아가게 하는 생명의 힘이 들어 있다. 하나의 완연한 세계를 갖는 국물이란 흔치 않다. 된장은 냉이의 비밀을 국물 속으로 끌어내면서 냉이를 냉이로서 온전하게 남겨둔다. 냉이 건더기를 건져서 씹어보면, 그 뿌리에는 봄 땅의 부풀어오르는 힘과 흙 냄새를 빨아들이던 가는 실뿌리의 강인함이 여전히 살아 있고 그 이파리에는 봄의 햇살과 더불어 놀던 어린 엽록소의 기쁨이 살아 있다.

도대체 구수한 된장국과 푸릇푸릇 입맛을 돌게 만드는 봄나물의 맛을 이렇게까지 섬세하게 표현했다면, 이 또한 문학과 예술의 눈으로 본 '관찰과 상징'의 아이디어가 아니고 무엇일 것인가. 축약과 암시의 대가들인 예술가들은 그런 관점에서 아이디어의 대가들이다

사례를 하나만 더 살펴보기로 하자. 에니메이션의 대가로 알려진 미야자키 하야오가 자신이 만들고자 하는 미술관에 대해 쓴 「지브리 미술관 주인」이라는 글의 일부다.

이런 미술관을 만들고 싶다.
재미있으면서도 마음이 부드러워지는 미술관

많은 것들을 발견할 수 있는 미술관

하나의 생각으로 관철되어진 미술관

즐기고 싶은 사람들은 즐길 수 있고,

생각하고 싶은 사람들은 생각을 할 수 있고,

느끼고 싶은 사람들은 느낄 수 있는 미술관

그리고 들어갈 때보다 나올 때 조금은 마음이 풍성해질 수 있는 미술관

그러기 위해서 건물은……

건물 그 자체가 하나의 영화처럼 만들고 싶다.

으스대는 건물, 멋스러운 건물, 호화롭게 보이는 건물보다

아담한 듯한 건물이면 좋겠다.

한적해질 때일수록 마음이 편안해지는 따뜻한 건물이면 좋겠다.

촉감, 만졌을 때의 느낌이 따뜻한 건물이면 좋겠다.

바깥의 바람과 빛이 자유롭게 넘나들 수 있는 건물이면 좋겠다.

이러한 인문학적 사유의 깊이가 바탕이 되어, 순수한 동심과 무한한 상상력이 반짝이는 스튜디오 지브리만의 애니메이션이 탄생할 수 있었다. 테크닉을 뛰어넘어 가치를 불어넣는 힘은 바로 인간을 우선하여 생각하는 깊이 있는 성찰에서 나온다.

다음에 소개하는 문구들은 필자가 여러 영화들을 보면서 메모했던 것들이다. 훌륭한 아이디어의 원천이 될 뿐만 아니라 사람들에게 그야말로 인문학적 소양과 성공적인 비즈니스의 핵심을 전해주기에 부족함이 없는 말들이다.

모험 정신

"자기 계발? 그런 건 다 자기위안일 뿐이야. 싸워. 맞붙어 싸워. 그래야 너 자신이 비로소 누구인지 알 수 있다구!" 〈파이트 클럽〉

경쟁과 도전, 그 자체가 나를 강하게 만드는 법이다. 행동하라!

협상의 법칙

"그가 절대 거절하지 못할 제안을 할 거야." 〈대부〉

"걸려들었다! 상식보다 탐욕이 더 큰 사람, 세상을 모르는 사람, 세상을 너무 잘 아는 사람, ……사기는 테크닉이 아니다. 사기는 심리전이다. 그 사람이 뭘 원하는지, 그 사람이 뭘 두려워하는지를 알면, 게임은 끝이다." 〈범죄의 재구성〉

상대가 거절하지 못할 제안은 결국 상대의 약점을 깊이 파고드는 제안일 것이다. 냉정한 협상의 세계에서 이기려면 적의 약점부터 찾으라.

경영자의 자세

"우리는 진짜 현실을 보는 것이 아니라, 그저 우리 눈앞에 보이는 세상만을 진짜 현실로 착각할 뿐이다." 〈트루먼 쇼〉

경영자가 가장 경계해야 할 것은 '착시현상'이다. 사업 환경, 경영 실적을 자신이 보고 싶은 대로 보고 믿고 싶은 대로 믿는다면 진실을 제대로 보지 못한다. 번지르르한 보고서나 브리핑은 다 잊어라! 흔들리지 않는 자기 철학으로 중심 잡기를 멈추지 말라.

청년 정신

"금이라고 해서 모두 빛나는 것은 아니며 방황하는 자가 모두 길을 잃는 것은 아니다. 강한 자는 나이 들어서도 시들지 않으며, 뿌리에는 서리가 닿지 못한다." 〈반지의 제왕〉

'일만 시간의 법칙'이라는 것이 있다. 어떤 것을 하루 세 시간씩 10년간 매일 연습하면 일만 시간이 쌓여 그 분야의 전문가로 인정받게 된 사례를 법칙화한 것이다. 야간 나이트클럽에서 수년간 매일 공연한 내공이 쌓여 전설적인 록그룹 비틀즈가 탄생했고, 대용량 컴퓨터의 사용료를 내지 않아도 되는 밤에 날마다 컴퓨터 프로그래밍에 몰두했던 청년이 오늘날의 빌 게이츠가 되었다. 긴 인생의 의미, 평생 공부의 중요성, 언제나 푸른 소나무의 정신을 잊지 말아야 한다.

내 탓이오

"너나 잘하세요." 〈친절한 금자씨〉

자기만 잘하면 되는데 제 할 일도 안 하면서 회사 걱정은 도맡아 하는 '찌질이'가 되어서는 안 될 것이다. 특히 대안 없는 불만을 수시로 내뱉는 사람은 조직에서 절대로 성공할 수 없다.

소신과 내면의 용기

"판단은 판사가 하고, 변명은 변호사가 하고, 용서는 목사가 하고, 형사는 무조건 잡는거야" 〈인정사정 볼 것 없다〉

자기 할 일을 다 하는 것이 최우선이다. 자신의 책무를 다하고 난 뒤에 올

결과를 기다리라.

공명심 경계

"호랑이는 죽어서 가죽을 남기고, 사람은 죽어서 이름을 남긴다고 했다."

"호랭이는 가죽 땜시 죽고, 사람은 이름 땜시 죽는 거야, 인간아." 〈황산벌〉

성과에 대한 욕심이 화를 부를 수 있다. 공명심과 명예욕은 양날의 검이 될 수 있음을 명심해야 한다.

긍정의 힘

"탱고 추는 것을 두려워할 필요는 없소. 인생과 달리 탱고에는 실수가 없으니까. 설령 실수를 한다고 해도 다시 추면 되니까. 실수를 해서 발이 엉키면 그게 바로 탱고요." 〈여인의 향기〉

"웃어라. 온 세상이 너와 함께 웃을 것이다. 울어라. 너 혼자 울게 될 것이다." 〈올드 보이〉

"복권에 맞을 확률은 50%야. 당첨이 되거나, 아니면 안 되거나."
〈지구를 지켜라〉

"오늘은 당신의 남은 인생의 첫 번째 날입니다." 〈아메리칸 뷰티〉

낙관은 남도 행복하게 만들고 비관은 나만 불행하게 만든다는 말이 있다. 생각을 바꾸면 세상도 달라진다. 실패는 끝이 아니라 또 다른 성공의 시작이다. 다시 시작하라. 비단 마케팅에만 국한된 시각이 아니다.

일전에 회사 일이 제대로 안 풀려 상심하고 있는 내게 한 동료가 다음과 같은 시를 보내왔다.

> 산길을 가다 보면 쉬는 것을 잊고
> 앉아서 쉬다 보면 가는 것을 잊네
> 소나무 그늘 아래 말을 세우고
> 짐짓 물소리를 듣기도 하네
> 뒤따라오던 사람 몇이 앞질러 가기로손
> 제각기 갈 길 가는 터 또 무엇을 다툴 것이랴

『시 읽는 CEO』에 실린 조선시대 송익필의 시였다. 우리는 매일매일 치열한 경쟁 속에 치여 산다. 따지고 보면 우리는 각자 자신의 길을 가고 있는데도 서로가 서로의 길을 막아서고 있다고 착각한다. 이 시를 읽으며 잠시나마 호흡을 가다듬고 내 삶의 본질을 다시 생각할 수 있었다.

당신의 꿈을 팝니다

꿈은 누구에게나 소중한 것이다. 그 꿈을 이루기 위해 사람들은 일을 하고 고통을 참아낸다. 소비를 하는 것 역시 꿈을 이루고 키워가는 과정 중의 하나라고 이해할 수 있다. 따라서 마케팅과 비즈니스 역시 누군가의 꿈을 이해하고, 그 꿈의 실현에 일조하는 것이 되지 않으면 안 된다.

이런 차원에서 최근 자신의 꿈을 위해서라면 아까울 게 없는 소비자들의 마음을 이해하고 분석하여 마케팅에 활용하는 이른바 드림케팅Dreamketing=Dream+Marketing이 대두되고 있다. 정보화 시대 이후 꿈꾸는 사회, 즉 드림 소사이어티Dream society 역시 더욱 강화되는 추세다. 기업과 마케터가 파는 것은 실상 그 제품의 기능이 아니라 그 제품을 통해 해결할 수 있고 이룰 수 있는 고객 개개인의 욕구다. 그것은 고객들 개개인이 바라는 생활과 문화의 궁극적인 이상점, 즉 꿈과 맞닿아 있다. 사실 그런 측면에서 볼 때 우리는 브랜드나 제품이 아니라 고객의 꿈을 팔아야 한다.

"우리는 꿈을 판다. 사람들은 전 세계 어디에서나 텔레비전을 통해 우리의 패션쇼를 보면서 꿈을 꾼다. 크리스찬 디올 매장에 들어가서 립스틱을 사면 돈 주고 살 수 있는 물건을 산 것에 불과하다고 생각하겠지만 거기에는 꿈이 실려서 간다."

세계적인 명품 유통업체인 LVMH그룹의 베르나르 아르노Bernard Arnault 회장의 말이다.

루이 비통은 귀족적인 여성의 이미지를 부각하고 있고, 빅토리아 시크릿은 섹시한 여성을 꿈꾸는 사람들에게 어필한다. 고기능과 독특한 디자인으로 명성을 얻고 있는 뱅앤올룹슨Bang&Olufsen은 마니아들 사이에서 '꿈의 제품'으로 불리며, 말보로는 '남자는 흘러간 로맨스 때문에 항상 사랑을 기억한다Man Always Remember Love Because Of Romance Over'라고 하여, 남성의 본능과 감성을 자극시키는 스토리텔링 전략이 담긴 브랜드명으로 남자들이 꿈꾸는 로망을 판매한다. 승리의 여신에서 브랜드명을 따온 나이키와 일탈과 자유의 상징이 된 할리데이비슨도 있다.

고객의 머릿속에 강렬하게 남기를 원한다면, 브랜드에 고객의 꿈이 담긴 드라마를 불어넣으라.

상상과 창조는 질문을 먹고산다

지금까지 언급한 것들 외에 돈이 되는 아이디어를 만들어내기 위한 필자만의 훈련법을 몇 가지 더 소개한다. 먼저 질문의 중요성을 강조하지 않을 수 없다.

질문하지 않으면 호기심이 죽고 호기심이 죽으면 창의력은 실종된다. 질문하지 않으면 평생 동안 남의 질문에 대답만 하며 살게 된다. 질문이 줄어든다는 것은 궁금한 게 없어진다는 것이며, 어린이가 갖고 있는 천진난만하고 순진무구한 호기심의 샘이 메말라간다는 의미다.

어린이가 어른으로 자라나는 과정에서 점차 질문하는 빈도와 횟수가 줄어든다고 한다. 스탠포드 대학교의 연구 결과에 따르면 5세에는 하루 평균 65번 질문하다가 40년이 지나 45세가 되면 질문 횟수가 그것의 10분의 1로 줄어들어 5~6번에 그친다고 한다. 창조적 상상력을 회복하는 가장 확실한 방법은 동심의 세계로 돌아가는 것이다. 나이가 들면서 "물론 그렇지", "원래 그래", "당연한 거야"라는 말이 호기심을 질식시킨다.

상상과 창조는 질문을 먹고 산다. 세상에서 가장 강력한 한마디 질문, 그것은 "왜?"다. "왜?"라는 질문은 '물론'과 '당연', '원래 그런' 세계에 시비를 걸면서 문제의 핵심과 본질을 찾아낸다. 똑같은 질문을 하더라도 어떤 질문을 하는가에 따라 얻을 수 없었던 답도 쉽게 얻을 수 있다. 예를 들면 "하느님, 기도하는 도중에 담배를 피워도 되나요?"라는 질문에는 안 된다는 대답이 돌아오겠지만, "하느님, 그럼 담배 피우는 도중에 기도해도 되나요?"라고 물으면 된다는 대답이 돌아온다.

스타벅스를 만든 하워드 슐츠Howard Schultz는 스타벅스의 출발을 다음의 의문에서 시작했다고 한다.

'왜 커피는 비싼 가격으로 팔 수 없을까? 왜 커피는 젊은이의 기호식품이 될 수 없을까? 왜 커피는 디저트용 음료로만 판매될까?'

2007년 12월, 《하버드 비즈니스 리뷰Harvard Business Review》에 실린 글 「혁명적인 사고Breakthrough Thinking from Inside the Box」의 요지도 결국 "위대한 질문이 위대한 통찰을 이끈다"는 것이었다.

남들과 똑같은 눈으로 시장 환경이나 우리의 타깃층을 바라봐서는 안 된다.

"어떤 소비자들이 기존의 우리 제품, 우리 서비스를 가장 비정상적으로 사용하고 있는가?"

"어떤 소비자층이 우리가 전혀 예상하거나 기대하지 않았는데도 불구하고 우리 상품이나 서비스를 사용하고 있는가?"

"소비자가 우리의 제품, 서비스를 구매하는 데 제일 방해가 되는 것은 무엇인가?"

이처럼 남다른 질문을 던져보라. 새로운 욕구나 시장의 기회를 발견해 낼 수 있을 것이다.

삐딱하게 바라보기

광고로 인해 허구였던 인물이 실재가 된 사례가 있다. 누구일까? 바로 산타클로스다. 성인 니콜라우스의 착한 인품을 본떠 탄생한 이 가상의 인물은 등장할 때마다 매번 조금씩 이미지가 바뀌어왔다. 초기의 산타클로스는 성인 니콜라우스를 닮은 작고 통통한 체구의 요정처럼 묘사됐다. 당시에 그는 오늘날 자신의 트레이드마크가 된 빨간색 코트 대신 황갈색 옷을 입고 있었다.

산타클로스가 최초로 빨간색 윗옷을 입게 된 것은 《하퍼즈 위클리Harper's Weekly》의 신문 만화가 토마스 내스트Thomas Nast 때문이다. 내스트는 신문 겉면에 빨간색 외투를 걸치고 사람들에게 전쟁 이야기를 들려주는 산타클로스의 모습을 그렸다. 여기에서 영감을 받은 코카콜라 회사의 전속 일러스트레이터 해든 선드블룸Haddon Sundblom은 빨간색 옷을 입고 친근한 할아버지 형상을 한 산타클로스를 그렸다.

당시 코카콜라 회사는 소비자들에게 코카콜라가 여름에만 마시는 음료가 아닌 겨울에도 마시는 음료라는 인식을 심어주기 위한 광고 이미지로 산타클로스를 활용했다. 그리고 아이들로 하여금 산타클로스가 가장 좋아하는 음료가 코카콜라라고 믿게 했다. 결과는 성공적이었다. 많은 아이들이 코카콜라와 함께 산타클로스의 친근한 이미지를 떠올렸으며 자신들에게 선물을 가져다주는 산타클로스를 위해 코카콜라를 준비해놓았다. 이제 코카콜라는 아이들과 산타클로스를 연결해주는 매개체가 된 것이다.

코카콜라 광고 이후, 많은 기업들이 산타클로스의 친근한 이미지를 이용한 광고를 하기 시작했다. 그런데 대부분의 광고주들은 산타클로스의 본질이 아닌 코카콜라 광고에 의해 만들어진 친근한 이미지만을 차용하고자 했다. 한 담배 회사는 인형과 같이 귀여운 산타클로스를 내세워 담배를 마치 달콤한 초콜릿으로 착각하게 만들었다. 또 사일렉스SILEX라는 주방용품 회사는 산타클로스가 주부에게 주방용품에 대한 아이디어를 알려주는 광고를 제작했다. 이들의 광고에 등장하는 산타클로스는 사람들의 인생에 깊숙이 파고들어 그들의 생활을 장악한 '슈퍼맨'이라고 할 수 있다. 애플의 최신 맥Mac 광고에도 산타클로스가 등장하여 맥이 좋은지 아니면 다른 데스크 탑이 좋은지를 평가하는 역할을 한다.

선물을 전달하는 산타클로스가 이런 다양한 분야에 대한 전문적인 지식이 있다는 것도 어불성설이지만, 문제는 사람들이 그의 친근한 이미지에 매료되어 마치 그가 모든 것에 대한 해결책(일종의 선물과 같은)을 제시해줄 것이라고 착각하게 되었다는 점이다.

이렇게 본연의 모습에서 변질된 산타클로스는 급기야 포르노그래피와도 결합하여 소비자들을 공략한다. 미켈롭Michelob의 맥주 광고를 보면 산타클로스의 무릎 위에, 산타클로스의 옷을 섹시하게 변용시킨 비키니를 입은 여자가 앉아 있다. 이 광고를 보는 소비자들은 먼저 비키니를 입은 여자의 섹시함에 끌리게 된다. 특히 남자 소비자들은 광고를 보는 동안 자신이 광고 속 산타클로스가 되어 섹시한 여자를 소유할 수 있을 것 같은 착각에 빠진다. 미켈롭의 광고는 남자들이 자사의 맥주를 마심으로써 섹시한 여자를 소유할 수 있다고 주장하고 있는 것이다.

또 다른 코카콜라 광고에서는 산타클로스가 산타 복장을 한 다수의 여자들에게 둘러싸여 있다. 여기서 여자들은 산타클로스 옆에서 그의 일을 보조하거나 그를 돋보이게 하는, 마치 마술사 옆의 미녀와 같은 역할을 하고 있다. 이 여성들은 행동의 주체가 아닌 광고를 보는 시선들의 단순한 볼거리에 지나지 않는다.

이렇게 왜곡되는 산타클로스의 이미지, 실재가 아니면서도 실재 이상의 힘을 갖고 있는 산타클로스를 반대하는 움직임이 세계 곳곳에서 일어나고 있다. 'ASLaN Anti-Santa-Love Nicholas'이라는 동호회는 매년 산타클로스의 이미지를 풍자하는 사진전과 미술전을 개최하여 마케팅에 의해 오염되는 산타클로스의 이미지를 비판하고 있다. 이들은 현재의 산타클로스 이미지를 버리고 성인 니콜라우스의 이미지를 되찾아야 한다고 주장한다.

뉴욕의 타임스퀘어나 더블린의 한 고등학교에서는 산타클로스에게 녹색 코트를 입히자는 캠페인이 한창이다. 환경과 평화를 상징하는 녹색을 통해 코카콜라가 만들어놓은 산타클로스의 이미지를 탈바꿈시키자는 취지다. 산타클로스 반대 운동은 유명 남성 잡지 《에스콰이어》에서도 발견할 수 있다.

《에스콰이어》는 잡지의 겉표지에 산타 모자를 쓴 흑인 남성을 모델로 내세워 산타클로스에 내재되어 있는 백인 우월주의에 대해 비판하고 있다.

   초현실주의 화가인 르네 마그리트는 도화지에 파이프 하나를 그린 뒤 '이것은 파이프가 아니다'라는 문구를 넣었다. 그림 속 파이프는 실제 파이프가 아니라 허구인 파이프를 그린 이미지에 불과하지만 사람들은 그 모양만을 보고 파이프 그림 또한 실제 파이프라고 착각한다. 르네 마그리트는 이런 사람들의 선입견을 바로잡아주고자 파이프 그림을 그렸다.
   허구인 산타클로스는 광고에 의해 실재가 되었다. 산타클로스가 성인 니콜라우스로부터 비롯되었다는 것을 명심하고, 마케팅에 의해 인위적으로 조작된 산타클로스의 이미지를 비판적으로 바라볼 수 있는 능력이 우리들에게도 필요하다. 그렇지 않으면 소비자들이 먼저 거짓 이미지에 환멸을 느끼게 될 것이다.

학습시키고 인지시키고 기억하게 하라

학습, 인지, 기억. 이 단어들은 교육 현장에서 자주 사용된다. 하지만 우리는 이 단어들을 광고에서도 많이 접할 수 있다. 그렇다. 교육이 학생들에게 지식을 학습시키고, 그것을 이해할 수 있도록 인지시킨 뒤, 배운 내용을 기억하게끔 만드는 일련의 절차이듯이, 광고도 고객들에게 제품의 성능을 학습시키고, 그 장점을 인지시킨 뒤, 그것을 기억하게 만드는 과정이라고 볼 수 있다. 그런데 비영리적인 교육과 상업적인 광고가 어떻게 닮을 수 있을까? 그것은 교육과 광고 모두 커뮤니케이션이기 때문이다. 교육과 광고는 수용자와의 원활한 커뮤니케이션이 바탕이 되어야만 그 의도가 확립될 수 있다.

또한 이 둘 모두 뚜렷한 목적을 바탕으로 자신의 임무를 수행한다. 교육은 학생의 학습을, 광고는 소비자의 인식과 행동의 변화를 목적으로 삼는다. 광고가 더없이 훌륭한 수업 자료가 될 수 있는 이유는 아이들의 흥미를 자극하기 때문이다. 언제 어디서나 접할 수 있는 광고이기에 아이들은 광고를 교과서 내용보다 쉽게 인지하게 된다. 이렇게 아이들의 머릿속에 잠재되어 있는 광고의 이미지를 수업과 연관시킨다면 보다 쉽게 수업 내용을 기억시킬 수 있을 것이다. 일례로 국제 자연 보호 단체인 세계자연보호기금WWF: World Wide Fund for Nature은 삼림이 너무 훼손되어 이제 타잔도 살 수 없다는 내용을 담은 광고를 통해 자연 보호에 대한 우리의 관심을 불러일으킨다.

이와는 반대로 광고 현장에 교육을 이용해볼 수도 있다. 우리는 학창시절

수없이 많은 4지선다형 문제들을 풀어왔다. 따라서 비슷한 형식이 눈앞에 있으면 자연스럽게 그것을 풀어내려고 한다. 키움증권의 광고는 이러한 사람들의 습관을 이용하여 자사의 장점을 알리고 있다.

   교육과 광고는 효과적으로 조화를 이룰 수 있다. 지금 세계지리 수업시간에 필수적인 자료인 세계 곳곳의 자료 사진이 부족한 실정이다. 만약 대한항공이 세계지리 수업자료를 지원해준다면 학생들에게 좀 더 도움이 되는 수업을 할 수 있지 않을까? 교육이 광고를 이용하여 수업의 질을 향상시키고 광고가 교육이라는 매체를 이용하여 광고 효과를 향상시킨다면 이것이야말로 서로 윈윈Win-Win할 수 있는 좋은 전략이 아닐까 생각한다.

끊임없이 혁명하라

마르크스Karl Marx와 엥겔스Friedrich Engels는 오늘날 좌파의 주류 이데올로기인 사회주의, 공산주의를 창시했다. 사회주의, 공산주의는 '공산당 선언'과 이 선언을 기초로 일어난 프롤레타리아 혁명을 통해 전 세계에 널리 퍼지게 되었다. 수많은 마르크스주의자들이 다양한 분야에서 활동했으며 이들의 활동 과정에는 우리가 본받을 만한 진취적인 힘이 서려 있다.

광고도 마르크스주의자들의 활동과 유사한 측면이 있다. 먼저 모두가 그르다고 생각할 때 그에 맞서 옳다는 주장을 펼치고, 상대방을 설득하기 때문이다. 또한 누구나 다 생각할 수 있는 평범한 사고를, 아무도 생각하지 못한 최초의 생각으로, 사람들의 시선과 생각을 잡아끄는 모험주의 정신이 필요하기 때문이다. 광고는 제품이나 서비스, 기업에 대한 기존의 부정적인 인식을 불식시키고 수용자들에게 호감이 가는 새로운 이미지를 심어주어야 한다. 이른바 이미지의 혁명이다. 광고는 언제나 새로운 가치관과 이데올로기를 형성할 수 있어야 한다.

마술처럼 유혹하라

　마술은 언제나 사람들을 현혹시킨다. 마술은 믿기 힘든 것을 믿게 만드는 힘이 있다. 좋은 광고 아이디어에서는 마술의 냄새가 난다. 좋은 광고 아이디어는 사람들을 설득하고 믿게 한다. 그러려면 경영 마인드가 필요하다. 시대의 흐름이 무엇인지 파악하고 트렌드를 분석해야 한다. 광고를 다양한 매체와 결합하여 여러 형태로 세간에 노출해야 한다. 광고가 예술과 경영 전략의 절묘한 결합일 때, 광고 아이디어는 마술적 힘을 발휘하게 된다.

　마술과 광고 아이디어의 또 다른 유사점은 바로 보편성과 특수성이다. 마술의 원리는 서로 같을지라도 마술사들은 저마다 차별화되는 효과, 내용 전개, 결과물을 통해 관객을 사로잡는다. 마찬가지로 광고마다 기본 전략은 같더라도 제품을 나타내는 표현 방법, 노출 매체가 다르다. 같은 홍보 전략이라도 홍보 제품·서비스에 적합하면서도 경쟁자들과 차별화되는 매력적인 표현, 매체를 찾아내는 것이 중요하다. 마술 같은 일은 그때 벌어진다. 좋은 광고란 가장 보편적 이야기를 가장 개성 있게 표현하는 것이다.

보기 좋은 광고가 먹기에도 좋다

　이 시대는 아름다움을 추구한다. 사람들의 기호가 변해감에 따라 요리사들은 요리를 할 때 맛뿐만이 아니라 모양새도 신경을 쓴다. 바야흐로 요리의 예술화 시대다. '보기 좋은 떡이 먹기도 좋다'는 말이 강조되고 있는 이 시점에서, 광고를 예술로 보려고 하는 움직임도 거세지고 있다. 이렇게 광고와 요리는 요즈음 예술의 영역으로까지 확장해가고 있다는 점에서 첫 번째 공통점을 갖는다.

　대표적으로 일본의 요릿집에서 예술에 가까운 상차림을 내놓는 걸 떠올려 볼 수 있다. 한 떨기 꽃처럼, 한 마리 학처럼, 요리 재료들을 빚고 쌓으며 소비자들에게 미각적인 만족을 넘어서 시각적인 황홀경을 선사한다. 광고 역시 마찬가지다. 휘슬러코리아의 광고를 보라. 여성의 판타지를 모티프로 하여 기존의 냄비 광고에서는 전혀 볼 수 없었던 광고를 만들어냈다. 기이한 복장을 하고 있는 모델들이 냄비만 들고 있지 않았다면 이 광고 사진들이 예술인지 광고인지 분간하기 어려울 지경이다.

　요리와 광고의 또 다른 공통점은 둘 다 해결책을 제시한다는 데 있다. 소화불량이거나 배가 아플 때 매실을 먹으면 나아진다는 것이 통설이다. 호연당의 '꿀물' 광고도 음주 후 속이 불편할 때 꿀물이 효과적이라고 광고하며 숙취에 대한 해결책을 제시하고 있다.

　요리와 광고는 레시피가 있다는 측면에서도 닮았다. 요리를 할 때는 레시

피대로 해야 제맛이 난다. 광고도 광고 제작 절차와 기본 원리에 충실해야 광고로서의 제맛을 낼 수 있다. 요리와 광고가 제맛을 낼 때 타인을 만족시킨다는 점에서도 이 둘은 서로 닮아 있다.

코스요리를 떠올려보라. 최초로 입맛을 돋우는 전채요리부터 시작해서 주요리를 거쳐 마지막으로 뒷맛을 정리하는 후식까지, 고객의 미각을 끊임없이 즐겁게 해준다. 광고에도 다단계 전략이 있어서 수용자들을 순차적으로 공략한다. 코스요리와 달리 한국 전통 음식인 비빔밥은 단기간에 포만감을 선사하는 대표적인 한 그릇 음식이다. 각종 재료가 커다란 그릇 속에서 어우러져 절묘한 맛을 낸다. 광고도 단기전의 성격을 띤다. 카피, 비주얼, 음악 그리고 아이디어가 집약되어 15초라는 짧은 시간 안에 고객을 사로잡는다. 장·단기적인 전략을 세우라. 광고는 순차적이면서도 한 편 한 편은 집약적이다. 두 가지를 모두 고려할 때 광고의 제맛을 낼 수 있다.

'passion' 못지않은 'fashion'

광고는 한 사람의 패션과도 같다. 패션은 사람마다 달라야 하며 패션 그 자체만으로는 진정한 빛을 발휘할 수 없다. 광고도 제품마다 다르며 그 자체만으로 제 기능을 수행할 수 없다. 한 사람의 패션에 대한 최고의 찬사 가운데 하나는 '패셔너블Fashionable하다'는 칭찬일 것이다. 내가 만든 광고에 '패셔너블하다'는 찬사가 따라오게 하려면 어떻게 해야 할까?

먼저 간단해야 한다. 너무 복잡하면 전달성이 떨어지게 된다. 지오다노 광고 속의 정우성처럼 최대한 단순하게, 절제하는 것이 광고에서도 미덕이다. 사람의 몸은 한정되어 있는데 한꺼번에 너무 많은 것을 입고 걸친다면 시선이 분산될 것이 분명하다. 광고도 보여주고자 하는 것이 너무 많으면 그 메시지가 약해질 수밖에 없다.

두 번째, 자신감을 가져야 한다. 전에 없던 새로운 광고로 모든 사람들을 만족시키기는 불가능하다. 하지만 자신감을 갖고 일관성 있게 광고를 제작한다면 광고의 선호도도 차츰 높아질 것이다. SK텔레콤의 하위 브랜드였던 TTL은, 당시 '임은경'이라는 신인 모델을 기용해 기존에 우리가 보아왔던 것과는 전혀 다른 광고를 만들어 방영했다. TTL 광고는 시종일관 신비로운 분위기를 연출하며 대사가 없거나 줄거리도 모호하여 보는 사람들을 알쏭달쏭하게 만들었는데, 이러한 전략이 끝내는 TTL 광고 연작이 지금까지도 인구에 회자되는 광고가 되게 했다. 만일 초심을 잃고 사람들의 궁금증을 해소하고자 대사를 넣거나 해설을 하고자 했다면 TTL 광고는 기억 속에서 사라졌을 것이다. 자기만의 색깔을 고수하라. 자신감을 갖고 밀어붙이라.

　세 번째, 개성 있는 나만의 시선을 가져야 한다. 사물을 바라볼 때 남들과는 다른 시선으로 바라봐야 창의적인 광고를 만들 수 있다. 숨겨져 있는 사물의 특성을 찾고 그것의 장점을 부각시켜야 한다.

　네 번째, 이 세상 무엇이든지 광고의 아이템이 될 수 있다는 사실을 명심하라. 휴지 하나만으로도 다양한 패션을 연출할 수 있듯이 매체를 창조적으로 활용하는 것이 중요하다.

　끝으로 변화를 두려워해서는 안 된다. 패션쇼에 가면 매번 패션의 차원을 업그레이드시키는 기상천외한 옷들이 소개된다. 패션에는 정해진 규칙이 없다. 규칙을 깨고 새로운 규칙으로 자리 잡아야 비로소 패셔너블해진다. 광고 제작도 마찬가지다. 최신 트렌드에 민감하게 반응하면서도 자기만의 색깔을 바탕으로 기존의 광고 문법을 넘어서는 광고를 제작한다면 그 광고는 틀림없이 패셔너블한 광고가 될 것이다.

광고란 제품에 뿌리는 향수

　세계적으로 유명한 향수인 샤넬의 '넘버 5'는 지금도 30초에 한 병씩 팔리고 있다. 이 향수는 마릴린 먼로 때문에 유명해졌다. 그녀가 잘 때 무엇을 입느냐는 기자들의 질문에 "샤넬 넘버 5"라고 대답했기 때문이다. 제품에 뿌리는 향수가 있다면 그것은 광고다.

　사람들은 이성의 마음을 사로잡기 위해 향수를 뿌린다. 기업들도 고객의 마음을 잡기 위해 광고를 한다. 향수나 광고는 이렇게 사람의 마음을 매혹하고 특정 이미지를 창출한다. 어떤 종류의 향수를 쓰느냐에 따라 한 사람이 귀엽게 보일 수도 있고 때론 섹시하게 보이기도 하듯이, 어떤 광고냐에 따라 제품의 이미지도 다른 색깔을 띤다.

향수와 광고가 가진 또 하나의 공통점은 겉포장의 중요성이다. 향수는 본질적으로 액체이기 때문에 그 액체를 예쁘게 담을 수 있는 병의 모양새가 소비자를 사로잡을 수 있느냐 없느냐를 결정짓는 관건이다. 향수가 겉포장으로 자기 색깔을 표현하려고 하듯, 광고가 비주얼로 소비자들의 마음을 사로잡으려는 것도 같은 이치다. 병의 모양새를 광고의 틀이라고 한다면 사람의 후각을 자극하는 향수의 향기는 광고에 쓰인 아이디어다. 병과 향수가 만나 시각적·후각적으로 통일된 제품이 되듯이, 광고의 비주얼적인 측면과 광고 아이디어가 조화될 때 브랜드 이미지에 걸맞은 향기를 전할 수 있다.

삶의 결정적인 순간, 비주얼의 힘

잘 그린 그림 한 장, 잘 찍은 사진 한 장이 사람의 마음을 움직이듯, 잘 만든 광고 하나가 소비자의 마음을 사로잡는다. 좀 더 깊이 들어가 보자. 사진과 광고의 공통점에는 어떤 것들이 있을까?

사진작가 최민식 선생은 1957년부터 50여 년 동안 민중들의 치열한 삶을 사진 속에 담아왔다. 이분의 사진을 보고 있으면 인간에 대한 애정이 마음속에 파고들어 쉽게 눈을 뗄 수가 없다. 사진은 때론 그 속에 담겨 있는 이야기로 사람들에게 세상에 대한 재해석을 하게 한다. '코카콜라' 사진의 이야기와 같이 그 속에 담겨 있는 이야기에 따라 작품이 달리 해석되는 것이다. 광고는 이렇듯 사람을 사랑하는 인본주의적 정신이 바탕이 되어야 하며 그 속에 소비자를 감동시킬 수 있는 이야기가 담겨 있어야 한다.

사진에는 광고와 같이 콘셉트가 있으며 철학이 담겨 있다. 찰나의 거장이었던 앙리 까르띠에 브레송 Henri Cartier Bresson 이 평생 찾아다닌 것은 '삶의 결정적 순간'이었다. 그의 철학은 단순했다. 평생을 바쳐 50mm 렌즈 하나로 삶의 결정적 순간들을 카메라에 담는 것이었다. 그리고 그는, 인생의 모든 순간이 결정적인 순간이라는 사실을 깨닫게 되었다. 또 한 명의 거장 아놀드 뉴먼 Arnold Newman 은 환경 인물 사진의 선두주자다. 그의 인물 사진은 반드시 주인공이 살고 있는 현실 공간 안에서 파악되고 있다. 또한 그는 인물과 환경의 조화뿐만 아니라 엄격하고 조형적인 화면 구성도 중시한다. 피카소, 레이건 대통령을 비롯한 많은 유명인들의 사진을 찍었다.

   사진에는 또한 광고에서도 중요한 독창성이 있다. 듀안 마이클스Duane Michals는 1969년 연속사진이란 것을 만들면서 시간의 흐름이라는 개념을 사진에 도입한 최초의 사진작가다. 'Things Are Queer(사물은 기묘하다)'라는 주제로 찍은 그의 사진을 보고 있노라면 사진이 얼마나 공간을 축소하거나 확장할 수 있는지, 그리고 그 상상력이 어디까지 갈 수 있는지를 새삼 실감할 수 있다. 일상적인 사물의 크기와 위치의 뒤바뀜을 통해 너무나도 익숙했던 사물들의 고유한 가치와 본질에 대해 다시 한 번 생각하게 만드는 이 기법을 '데페이즈망'이라고 한다. 이 기법은 자동차 광고에서도 확인할 수 있다. 이렇듯 사진뿐만 아니라 모든 예술이 광고와 같이 철학이 있고, 독창성이 있다.

하나의 이미지를 구축하라

　브랜드 파워를 형성하려면, 소비자들에게 광고를 통해 하나의 브랜드를 기억시키는 동시에 그 브랜드에서 출시한 제품의 질이 만족스러워야 한다. 광고와 만족스러운 품질이 상호작용을 할 때 신뢰의 토양이 만들어지고 신뢰가 바탕이 될 때 브랜드는 시장에 대한 힘을 갖는다. 광고가 없는 브랜드, 혹은 브랜드 이미지가 없는 제품을 상상해보라. 이러한 브랜드 혹은 제품은 아무래도 브랜드 이미지가 확고한 제품보다 사람들의 기억 속에 남아 있을 확률이 훨씬 낮을 것이다.

　대부분의 소비자들은 어떤 제품이나 브랜드를 단번에 기억하는 데 필요한 충분한 양의 정보를 가지고 있지 않다. 처음 보는 브랜드명을 보고 그것을 외우기란, 아무런 예문이나 용례 없이 영어 단어를 외우는 것과 마찬가지이기 때문이다. 광고는 소비자들이 좀 더 쉽게 제품과 브랜드를 기억할 수 있도록 정보를 제공하는 역할을 한다.

　세계적인 막대사탕 브랜드인 츄파춥스의 경우를 보자. 츄파춥스의 개발자인 엔리크 베르나트Enric Bernat는 어린이들이 알사탕을 한꺼번에 입에 넣을 수 없어 침을 흘리는 것을 보고 아이들도 녹여 먹기에 편하도록 사탕에 나무 막대를 꽂았다. 그리고 막대사탕이라는 획기적인 아이디어 상품을 좀 더 효과적으로 알리기 위해 자신들만의 브랜드 로고를 원했다. 때마침 베르나트의 친구였던 유명한 초현실주의 예술가인 살바도르 달리가 베르나트의 고민을 들더니 앉은 자리에서 데이지꽃 모양의 무늬를 만들어주었고 이것이 오늘날 세계적인 막대사탕 브랜드의 로고가 되었다. 스페인어로 '빨다'라는 뜻을 내포한 츄파춥스는 연간 40억 개 정도가 생산되며 세계 막대사탕 시장에서 부동의 1위를 달리고 있다. 현재 츄파춥스 공장에는 2,000여 명의 직원들이 근무하고 있으며 새로운 맛을 개발하기 위해 끊임없는 노력이 이어지고 있다. 츄파춥스의 뒤를 이어 세계 각국에서 후발주자들이 그 아성에 도전하고 있지만 한 번 구축된 브랜드 이미지가 그리 쉽게 흔들릴 것 같진 않다. 50년째 막대사탕 부문에서 1위를 차지한 츄파춥스의 저력에는, 소비자들의 뇌리에 강렬하게 각인된 브랜드 이미지가 있었다.

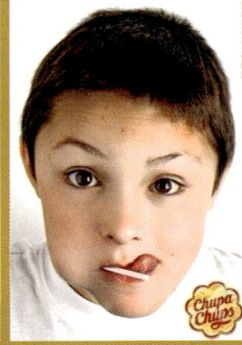
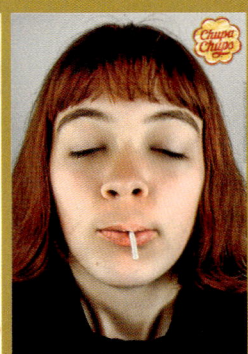

감(感)하여 동(動)하게 하라

영화는 광고와 비슷한 점이 많다. 첫 번째, 광고처럼 카피와 비주얼을 입고 있다. 영화 속 주인공의 명대사는 언제나 관객들의 심금을 울린다. 명대사뿐만이 아니라 영화에는 잊지 못할 명장면도 많이 등장하는데, 이런 감동적인 요소들이 오랫동안 관객들의 마음속에 남아 그들이 생각하는 영화의 이미지를 형성하게 된다.

광고가 인상적인 카피와 비주얼을 만드는 데 심혈을 기울여야 하는 이유가 바로 여기에 있다. 광고는 영화와는 달리 줄거리가 없다. 오직 카피, 비주얼, 음악으로 승부를 걸어야 한다. 영화처럼 감동적인 내러티브를 담을 수 없다는 것이 광고의 약점이기는 하지만 오히려 짧은 시간 동안 필요한 내용만 강도 있게 전달할 수 있다는 장점이 있다.

두 번째로 방송이나 영화나 수많은 사람들의 열정으로 만들어진다. 영화 후에 나오는 엔딩 크레딧은 종종 5분 이상 올라가는데 그 길이만큼의 열정이 들어가야만 하나의 훌륭한 작품이 탄생할 수 있다. 광고도 마찬가지다. 기획, 경쟁 PT, 제작 등 다양한 과정을 거쳐야만 비로소 한 편의 15초짜리 짧은 영화가 탄생한다. 광고의 스토리는 그 광고를 위해 희생하는 모든 이들의 피와 땀인 것이다.

끝으로 광고와 영화 모두 인간의 삶을 이야기한다. 사람들의 진실한 사랑과 마음을 담은 영화가 관객들에게 감동을 주듯이 소비자에 대한 진심 어린 사랑의 시선이 있어야만 모든 고객의 마음을 사로잡을 수 있는 광고를 만들 수 있을 것이다.

연극도 광고의 또 다른 매체가 될 수 있다. 연극 〈화성에서 온 남자, 금성에서 온 여자〉를 통해 연극이 어떻게 광고와 소통하는지 살펴보자.

이 연극은 소설을 바탕으로 한 작품으로, 주인공 남녀가 서로의 차이점을 알아가면서 사랑을 완성해간다는 내용을 담고 있다. 연극은 여러 요소들을 통해 관객과 소통하려고 노력하는데 그중 첫 번째가 누구나 공감할 수 있는 이야기를 다루는 것이다. 사랑하는 남녀 간의 갈등은 누구나가 한 번쯤은 겪게 되는 현실적인 문제이기에 관객들은 연극에 쉽게 자기를 대입해보며 몰입한다. 또한 연극배우들은 TV에서 볼 수 있는 우상과 같은 존재가 아니기에 좀 더 친근하게 느껴진다. 별로 화려하지 않은 소품과 무대는 관객에게 또 하나의 현실 속에 있다는 착각마저 불러일으킨다.

연극 〈화성에서 온 남자, 금성에서 온 여자〉를 보면 실질적으로 관객과 소통하기 위해 치밀하게 시장을 조사하고 많은 노력을 기울였다는 것을 알 수 있다. 제작진은 일단 테마가 확정된 후에 어떤 관객층을 주요 타깃으로 삼을지 정하고 그들이 공감할 수 있는 이야기를 다루기 위해 노력했다. 현실에서도 충분히 발생할 수 있는 갈등 요소들을 파악하여 반영하고 거기에 따른 해결책까지 제시함으로써 관객들이 실제 현실에서 성공적인 남녀 관계를 맺기 위한 해답을 제시했다.

연극이 언제나 관객들이 공감할 수 있는 친숙한 소재로 다가오듯이, 광고 또한 소비자들에게 친숙하게 다가가야 한다. 이런 의미에서 연극은 광고를 하기 적합한 또 하나의 무대가 될 수 있다. 연극 속에 광고를 심을 수 있기도

하지만 광고가 연극의 형태를 빌려 못다 전한 이야기를 소비자들에게 들려주는 것도 가능하다. 다른 매체와 달리 연극은 상업성과 거리가 있는 장르다. 이러한 특성상 연극 무대는 상업적 성향이 짙은 광고가 그 본질을 감춘 채 소비자들에게 슬며시 다가갈 수 있는 유용한 공간이기도 하다.

음악은 바이럴(Viral)의 원조다

광고와 음악에는 어떤 관계가 있을까? 먼저 음악의 정의를 살펴보자. 음악이란 소리를 재료로 하여 박자·선율·화성·음색 등을 일정한 법칙과 형식으로 종합해서 사상과 감정을 나타내는 예술이다. 광고는 음악을 매개로 메시지를 전달하고 주의를 끌기 때문에 광고와 음악은 떼려야 뗄 수 없는 관계이다. 음악 없는 광고는 단팥 없는 찐빵이요 단무지 없는 짜장면이다.

국민 과자로 자리매김한 '새우깡'의 광고는 음악을 잘 활용한 대표적 예이다. 매번 그 내용은 다르지만 사람들은 언제나 똑같은 음악이 흘러나오는 새우깡 광고를 통해 지난날에 대한 향수를 느끼는 동시에 은연중에 새우깡이 장수하는 국민 과자라는 생각을 갖게 된다.

잘 만든 광고 한 편은 언제나 사람들 입에 오르내린다. 또한 사람들의 머릿속에 남아서 사람들이 광고에 등장하는 제품을 쓰거나 볼 때마다 항상 떠오르게 만든다. 즉, 제품의 소비와 함께 사람들의 정신을 지배하는 일종의 이데올로기가 되는 것이다. 이것은 마치 음악이 처음 등장하여 사람들의 인기를 끄는 과정과 흡사하다.

광고나 음악이나 일정 시간이 흐른 뒤에는 차츰 사람들 사이에서 잊혀진다. 물론 다수의 광고와 음악들이 오랫동안 사람들에게 회자되는 경우도 있다. 그런 경우에도 뭔가 촌스럽다는 느낌을 버리기 힘들다. 시대가 변함에 따라 자연스레 사람들의 눈과 귀가 진화하고 변화하기 때문이다.

광고와 음악은 시대의 흐름을 잘 타야 한다는 면에서도 서로 닮았다. 최근 경제가 악화되면서 기업들은 광고 제작을 최대한 억제하고 있고, 불법복제 때문에 음반 시장도 큰 고초를 겪고 있다. 이런 위기를 극복하기 위한 음악인, 광고인의 창조적인 대안 연구가 필요한 때다.

광고는 커뮤니케이션 아트다

예술에는 여러 가지 장르가 있다. 미술, 음악, 문학, 연극 등이 대표적이다. 이러한 예술은 사람들이 생활하는 데 있어서 큰 비중을 차지하고 있다. 예술을 통해 사람들은 재미와 감동을 느낀다. 또한 지혜와 영감을 얻을 수 있다. 게다가 예술은 현대사회를 살아가는 사람들에게 일종의 휴식공간이 되기도 한다. 한편, 혹자는 광고가 예술일 수 없다고 하고, 혹자는 광고가 예술의 한 장르라고 말한다. 광고는 예술일 수 있을까?

모든 광고가 다 예술일 수는 없다. 하지만 광고에는 분명 예술이라고 불릴 만한 요소들이 존재한다. TV 광고에서 볼 수 있는 음악과 말들의 절묘한 조화, 그리고 아름다운 화면과 여백의 미, 또한 최근 거리에서 흔히 볼 수 있는 옥외광고 등 수많은 미적 요소들이 광고 속에 내재되어 있다. 특히 옥외광고는 팝아트와 결합하여 도시의 미를 한층 부각시키고 있다. 그러나 광고가 진

정한 예술로 인정받기 위해서는 그것이 사람들에게 좋은 책을 읽었을 때 얻는 지혜, 좋은 영화를 봤을 때 느끼는 감동, 좋은 음악을 들었을 때 느끼는 휴식을 줄 수 있어야 한다.

  광고가 예술의 한 장르로 인정받기까지는 많은 역사적인 움직임이 있었다. 먼저 초현실주의자인 르네 마그리트는 광고와 자신의 작품을 연결시키는 작업을 했다. 또한 모네가 빛의 변화에 따라 색이 변하는 성당의 모습을 여러 장 그린 것은 훗날 팝아트의 거장 앤디 워홀Andy Warhol이 마릴린 먼로나 마오쩌둥의 초상화를 색깔만 달리하여 여러 장 그린 것의 시초가 되기도 했다. 이런 여러 미술가들의 움직임에 의해 광고는 예술과 서서히 결합해왔던 것이다. 광고인들의 열정과 꿈과 아이디어가 샘솟는 한, 광고는 상업성을 뛰어넘어 21세기를 열어갈 또 하나의 예술적 주류로 자리매김할 것이다.

고객과 일촌 맺기

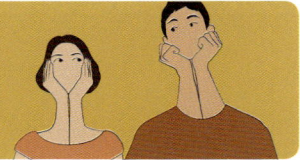

광고는 친구다? 그렇다. 언제나 곁에서 소비자를 이해하고 소비자와 끊임없이 소통하는 존재가 바로 광고다. 광고인들은 친구와 같은 자세로 언제나 소비자들에게 다가가야 한다.

샴푸 회사인 비달사순은 최근 가수 이효리를 기용한 광고에서 그녀를 매력덩어리 친구로 묘사했고, KTF의 SHOW 광고는 현대인들이 자기 일로 바빠 1년에 대여섯 번도 부모님 댁을 찾지 못한다는 사실을 유머러스하게 풍자했다. 그러면서 KTF는 '쇼SHOW'라는 서비스로 끊어졌던 가족의 유대관계를 돈독히 할 수 있다는 것을 강조하고 고객들의 가정사에도 관심을 갖는 다정한 친구라고 자신을 소개한다.

다른 예로 SK텔레콤은 카피 중심의 광고를 내어, 고객을 걱정하는 마음에 편지를 쓰는 친구의 이미지를 부각시켰다. 또한 최근 타이레놀의 두통약 광고는 승무원들이 잦은 비행으로 겪는 두통을 이해하고 있다는 식의 광고를 만들어 소비자의 세세한 고통까지 이해하려는 친구의 이미지를 차용했다. 친구가 된 광고를 대표하는 가장 유명한 경우는 뭐니 뭐니 해도 오리온의 초코파이 광고일 것이다. 아이들 간의 따스한 정情을 예쁘게 묘사한 초코파이 광고는 초코파이를 수십 년 동안 국민 과자로 자리매김하게 하는 데 큰 공헌을 했다. 이와 같이 광고가 사람들을 곁에서 지켜주고 이해해줄 수 있는 친구도 된다는 것을 인지하고, 많은 사람들에게 소중한 친구가 될 수 있는 광고를 만들어야 한다.

브랜드라는 러브 스토리

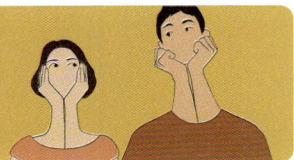

　수용자가 광고를 수용하는 과정은 한 커플의 러브 스토리와 비슷하다. 이별 뒤에 새로운 사람을 만나 사랑을 쌓아가는 이야기를, 신제품을 선택하는 한 고객의 이야기라고 가정해보라.

　새로운 만남은 이별 뒤에 찾아오는 법. 이별 뒤에 느끼는 아픔도 크지만 허전함 또한 만만치 않다. 시간이 흐를수록 아픔은 사그라지고 허전함만이 마음속에 남는다. 그러던 어느 날, 낯선 이성에게서 가슴 두근거림을 느끼게 된다. 광고로 치환하면 신제품 접촉 및 태도 형성의 시기다.

　오랜만에 느끼는 설렘에 삶은 충만해지고 그 사람을 만날수록 자꾸 떠올리게 된다. 그렇게 며칠, 몇 달이 지나고, 얼마 전만 해도 서로의 얼굴도 몰랐던 낯선 이는 어느새 내 인생의 주인공이 된다. 구매 행동이 일어나는 순간이다.

　서로가 없이는 살 수 없을 것 같은 이 기분. 장소를 불문하고 커플은 사랑을 표출한다. 처음에는 남들의 시선도 의식하지만 그것도 잠시뿐, 어느덧 자신들도 한때는 욕했던 커플들의 닭살 행동을 똑같이 하고 있다는 것을 발견한다. 그렇게 사랑은 솜사탕과 같이 달콤하게 계속된다.

　영원할 것 같은 사랑, 그러나 한 번의 다툼은 불가피하다. 첫 다툼을 한 날 밤, 비록 사소한 말다툼이었지만 서로 미안한 마음에 전화기를 든다. 그러나 마음 한구석에서 피어나는 은근한 자존심 때문에 스르륵 다시금 수화기를 내려놓는다. 그렇다. 그때 일은 그때 풀었어야 했다. 그렇게 조금씩 쌓여가는 서로에 대한 불만들은 어느 날 크게 한 번 폭발한다. 신제품에 대한 엄청난 불만이 쏟아지는 경우와 흡사하다. 작은 다툼이 큰 다툼이 되는 순간이다. 이제 서로의 마음속에는 상대방에 대한 불신들로 가득하다.

그렇게 만나지 않은 지 어느덧 1개월, 공원에서 우연히 만난 어느 친절한 사람에게 은근히 마음이 끌린다. 그리고…… 서서히 마음은 움직이기 시작한다. 브랜드 스위치 후의 기존 제품에 대한 태도 형성 기간이다.

그렇게 다시금 새로운 사랑이 시작되는가 싶었지만 마음속 한구석에는 여전히 그 사람에 대한 생각이 남아 있다. 진심 어린 대화 한 번 없었던 데 대한 후회가 남는다. 그놈의 자존심이 뭐길래……. 서로를 떠나보내려는 찰나, 연애의 끝자락에서 아직껏 느끼지 못했던 답답함을 느낀다. 숨이 막힐 듯한 기분. 이게 진짜 사랑일까……? 나를 애타게 기다릴 새로운 사랑을 뒤로한 채, 그 사람에게 달려간다. 기존 제품에 대한 로열티 강화의 순간이다.

그렇게 새롭게 시작된 우리의 사랑은 더 깊고 길다. 우리에게 다시금 봄이 찾아온 것이다.

광고 같은 인생, 인생 같은 광고

어느 광고인이 말했다. "광고를 인생 안에 두고 싶다"고. 한 분야에서 일가를 이룬 사람들은 자신의 일을 자신의 인생처럼 생각한다. 그러니 좋은 광고인이 되려면 좋은 인생을 살아야 한다.

이런 이유 때문에, 훌륭한 광고는 어렵고 각박한 인생을 위로해준다. 어떤 때 광고 속에 인생의 길이 담겨 있기도 하다.

1️⃣ 씨앗과 새싹을 주제로 생명을 표현한 그린피스 Greenpeace의 광고다. 씨앗은 바위와 콘크리트 속에서도 새싹을 틔운다. 거칠고 단단한 환경도 씨앗의 생명력을 위협하지는 못하기 때문이다. 사람의 인생도 마찬가지다. 아무리

고되고 험난한 인생을 살아갈지라도 사람들은 쉽게 좌절하여 포기하지 않는다. 저마다 가슴속에 꿈이라는 씨앗을 품고 있기 때문이다. 꿈이 심어진 곳에서 희망이 자라난다. 이 희망이 고달픔을 이겨내게 한다. 작은 씨앗의 생명력을 보며 꿈과 희망을 이야기하는 것, 광고가 우리에게 전해주는 인생의 가르침이다.

2 전구 회사 실베이니아Sylvania의 '불꽃'을 주제로 한 전구 광고다.

'지켜야 할 것이 있는 삶은 쉽게 꺼지지 않는다. 폭풍이 몰아치고 비바람이 불어도 새벽이 올 때까지 꺼지지 않을 단 하나의 불빛.'

당신의 전 인생을 통해 반드시 지켜야 할 원칙을 세워라. 매번 선택의 순간마다 나침반이 될 것이며 당신을 후회 없는 삶으로 이끌어줄 것이다.

3 혼다Honda의 '소명'을 주제로 한 오토바이 광고다.

'우리는 태어날 때부터 꿈을 가졌다. 이 아이는 태어날 때부터 모터사이클을 꿈꾸었다.'

인생의 모든 순간은 연결 지어져 있고 그래서 매일매일을 죽을 듯이 살았던 스티브 잡스는 결국 열정의 아이콘이다. 〈황금어장〉에서 강호동이 변치 않고 묻는 말. 당신의 최종적인 꿈은 무엇입니까?

4 경제전문지 《포브스Forbes》의 '주연主演 의식'을 주제로 한 광고다.

'조연 배우도 무대를 내려오면 주인공이다. 인생에서 주인공이 아닌 사람은 없다.'

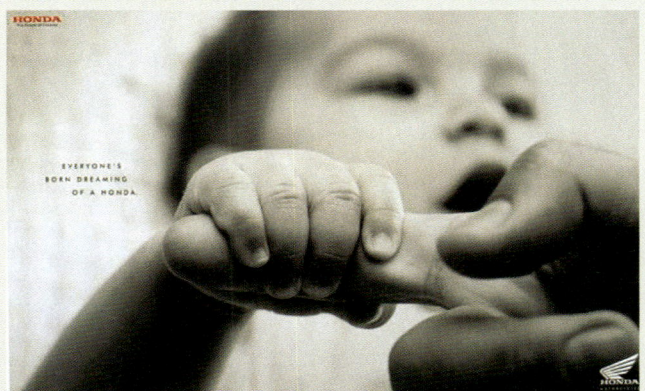

회의에 들어가 보라. 자기만의 아이디어를 준비한 사람. 남의 아이디어를 보태는 사람. 없어도 되는 사람. 이래서 안되고 저래서 안되고…… 비평가 같은 사람. 없으면 좋은 사람. 숨는 것은 순간일 뿐, 출석부의 한 사람이 되지 마라.

5 패션 회사 위Oui의 '청춘'을 주제로 한 의류 광고다. 세월도 빼앗을 수 없는 젊음을 가져라. 진정한 패션은 젊음의 아름다움만 생각하지 않는다. 세월이 만든 아름다움도 표현해야 진짜 패션이다.

청춘이란 새로움과 열정, 상상, 용기, 그리고 안일安逸을 뿌리치는 모험 정신을 뜻한다. 늙는다는 건 나이를 먹는다는 것이 아니라 모든 청춘의 싱그러움을 잃어버린다는 것이다. 진짜 젊음을 유지하라. 세월도 빼앗지 못할 젊음을.

6 일본 토익TOEIC의 '깡'을 주제로 한 광고다.

'깡은 세상 사람 누구나 존경하는 용기이다. 용기만 있다면 천적도 협력자로 바뀐다.'

자신 있게 실패하라. 두려움의 반대는 용기가 아니라 믿음이다. 실패가 더 큰 가능성을 가져다준다는 것을 믿어라. 예수나 부처나 공자마저도 인생의 역경 속에서 깨달음을 얻지 않았던가?

7 자동차 회사 폭스바겐Volkswagen의 '반전反轉'을 주제로 한 광고다.

'세상은 반전에 주목한다. 작다. 그러나 강하다. 작은 것의 강함이기에 더욱 빛난다.'

5

6

7

세계광고사에 빛나는 〈Think Small〉 캠페인이나 〈Lemon〉 캠페인 역시 작은 것과 못난 것의 미학을 역이용한 아이디어였다. 당신의 단점이 장점이 된다. 아이디어만 있다면.

8 인도의 경제 신문인 《이코노믹 타임스 The Economic Times》의 '두려움'을 주제로 한 광고다.

'두려운 존재가 아니라 두려운 생각이 있을 뿐이다.'

용기를 내어 다가간 고양이는 무서워 보였던 개가 단지 묶여 있는 개라는 사실을 알게 된다. 일요일 오후마다 찾아오는 월요병. 그러나 해답이 있던가. 막상 월요일 출근과 동시에 바쁜 아이디어의 세상 속으로 빠져든다. 지나 보면 쓸데없었던 막연한 고민으로 수많은 시간이 지나간다. 알렉산더의 매듭과 콜럼버스의 달걀 – 복잡하면 단순화시켜라.

9 펩시 Pepsi의 '틈'을 주제로 한 광고다.

'구석을 보라. 기회는 언제나 있다. 배수관도 누군가에게는 기회가 된다.'

운칠기삼運七技三이란 말이 있다. 그러나 준비된 자에게만 행운도 찾아오는 법. 당신의 미래를 위하여 하루를 26시간으로 만들라. 멀티태스킹의 패러독스, 스피드에서 퀄리티도 나온다고 믿는다.

10 영국의 여행사인 클럽 18-30 Club 18-30의 '본능'을 주제로 한 광고다.

'욕망을 현명하게 해소하라. 양지로 나온 욕망은 밝고 활기차다.'

수면 위로 드러난 본능은 인생의 긍정적인 에너지가 되지만 감추어져 있으

면 추악함으로 변질되기 쉽다. 당신의 리비도libido를 세상과 함께 솔직하게 교감하라.

11 할리데이비슨의 '언젠가sometimes'를 주제로 한 오토바이 광고다.
"인생에 '언젠가'라는 날은 없다. '언젠간 꼭 탈 거야'라고 생각하는 사람이 할리데이비슨의 오토바이를 탈 확률은 높지 않다."
'지금 여기'가 행복의 근원이다. 오늘이 없는 내일은 없다. 구체적이고 단계적인 계획으로 인생의 포트폴리오를 준비하라.

12 엡손Epson의 '가능성'을 주제로 한 프린터 광고다. 하면 된다? 되면 하라! 목 빠지게 기다려도 종이 위에 인쇄된 쥐가 구멍 밖으로 나올 리 없다. 손에 잡히지 않는 신기루 같은 이상만 쫓다가는 현실을 망각한다. 젊음과 시간은 무한히 샘솟는 에너지가 아니다. 하고 싶은 일과 할 수 있는 일을 구분하자. 그리고 할 수 있는 일에 집중하자. 하고 싶은 일은 취미로 즐기자. 혹시 아는가? 그러다 보면 하고 싶은 일이 할 수 있는 일로 바뀌게 될지.

13 의류 브랜드 돌체앤가바나Dolce & Gabbana가 '이성'을 주제로 만든 광고다. 사랑하는 남녀의 동상이몽을 표현했다. 사랑하는 사이라 해도 서로를 완벽하게 이해하기란 쉽지 않다. 서로의 차이를 알려고 하지 말고 그냥 사랑하라. 진정한 사랑은 차이까지 사랑하는 것이다. 아버지, 어머니…… 이 한마디에 눈가에 이슬이 고이는 것은 조건 없는 사랑, 이유 없는 사랑이기 때문일 것이다. 당신의 아이디어를 평가하는 방법. '순수한 열정에서 비롯되었는가?'

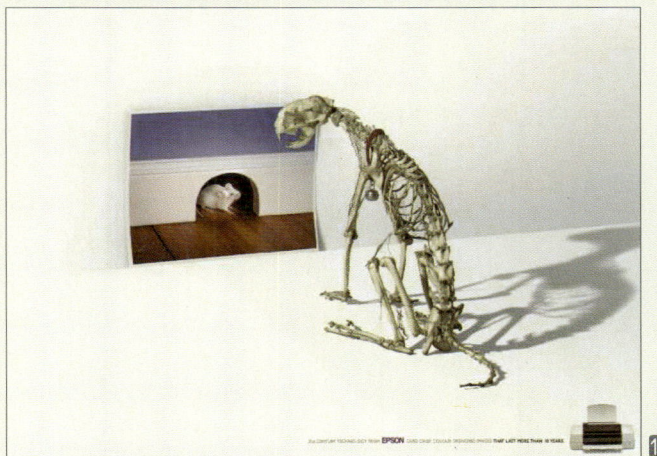

14 경제 전문지《이코노미스트 The Economist》의 광고다.

'Leader & Reader – 책을 읽는다는 것, 어둑해진 전구를 갈아 끼우는 것. 독서는 생각이란 전구를 밝게 해준다.'

당신에게 책은 정신적 사우나이고 하루 내내 쌓인 갑갑함과 피곤함을 풀어주는 한 잔의 맥주와 같다. 어떤 분야에서든 두각을 나타냈던 사람들은 대부분 소문난 독서광들이었다. 지금은 그저 책 읽기 좋아하는 사람이라 불릴지 모르지만, 머지않아 당신은 리더라고 불릴 것이다. 일주일에 다섯 권의 책을 읽는 사람과 한 권의 책을 읽는 사람. 1년이면 '250권과 50권'의 차이가 된다. 누가 승리할 것인가?

잠자는 아이디어 깨우기

첫째, 일주일에 다섯 권, 특히 남들이 읽지 않는 책을 읽으라.

베스트셀러는 이미 당신의 경쟁자도 읽고 있다. 반면에 고전 읽기는 창조적 영감을 증대시켜 통찰력을 높여준다. 일주일에 다섯 권 정도는 통독하여 5개의 통찰이나 아이디어를 얻으라. 우리의 싸움은 통찰력과 대응력과 순발력의 싸움이다. 책만큼 좋은 무기는 없다.

1년에 250권을 읽은 사람과 50권을 읽은 사람이 10년 뒤엔 어떤 아이디어를 만들어내는가는 보지 않고서도 짐작이 가능하다. 읽기만 할 것인가? 책에서 얻은 것은 반드시 기록하라. 기록한 것은 반드시 활용하도록 노력하라. 필자의 이 책도 이런 독서와 기록을 활용한 결과물이다.

둘째, 실패의 위험을 무릅쓰라.

베이브 루스Babe Ruth의 713개 홈런 뒤에 1,330번의 삼진 아웃이 있었다는 사실을 명심하라. 창조적 시도는 본래 성공보다 실패와 더 가깝다. 한 번도 실패해보지 않았다면 성공의 확률도 그만큼 낮다는 사실을 명심하라.

셋째, 핵심을 보라.

유녹화홍柳綠花紅이라 했다. 꽃은 붉고 버들은 푸르다는 본질은 영원하다. 본질을 규명하는 핵심은 사물을 내부에서 파악할 때 드러난다. 외부에서 머뭇거리지 말고 안으로 파고들어, 어떤 유혹에도 흔들리지 않을 중심점을 형성하라.

시대의 트랜드를 파악해야 하지만 변치 않는 것이 있다. 예를 들면 인간의 생로병사 같은 것.

넷째, 적절한 질문이 아니라 색다른 질문을 하라.

시카고 대학교 심리학과 교수인 미하이 칙센트미하이Mihaly Csikszentmihalyi는 "색다른 질문을 제기 받을 때 창의적 사고가 발동한다"고 했다. 예컨대 다음과 같은 질문들은 당신에게 전혀 기대치 않았던 비즈니스 아이디어들을 제공할 수 있다.

"어떤 소비자 혹은 제품 구매자들이 기존의 우리 제품을 가장 '비정상적으로' 사용하고 있습니까?"

"어떤 소비자층이 우리가 전혀 '예상하지도 기대하지도 않았음에도 불구하고' 우리의 상품을 사용하고 있습니까?"

"소비자가 우리의 제품을 구매하는 데 '제일 방해가 되는 것'은 무엇입니까?"

다섯째, 일하지 말고 재미있게 놀아라.

네덜란드의 역사가 요한 하위징아Johan Huizinga는 인간을 호모 루덴스, 즉 놀이하는 인간이라 정의하며 "인간은 놀이를 통해 삶과 세상에 대한 자신만의 해석을 드러낸다"라고 말했다. 이것은 놀이를 통한 유희가 인간의 사회화 과정에 중요한 역할을 한다는 사실을 언급한 것이며, 놀이가 창의력 개발의 근간임을 말해주는 것이다. 이것은 두말할 것도 없이 놀이가 상상력의 고삐를 풀어주기 때문이다. 아이들이 하는 놀이를 관찰해보라.

기본적으로 새로운 약속이 놀이의 출발점이며 그 새로운 약속은 상상력을 기본으로 한다. 놀이는 본질적으로 참여적이며 몰두이며 공유된 즐거움이고 무엇보다 현실 세계와는 다른 역할과 상황과 기호의 재해석이다. 따라서 본질적으로 창의적이다.

마지막으로, 무소의 뿔처럼 가라.

자생이모위子生而母危라, 아이가 태어나면 어머니의 생명이 위험하다. 하루하루 상황은 달라지고 매일매일 아이디어와 피할 수 없는 싸움을 해야 하는 광고인들이기에 일희일비했다가는 제명을 다하지 못한다. 당신이 낸 아이디어가 승승장구할지라도 당신 자신은 산통産痛에 지쳐 헐떡이고 있지는 않은가?

내일 아침이면 상황은 바뀔 것이다. 좋았다가도 나빠지고 나빴다가도 좋아진다. 좋았던 것이 싫어지기도 한다. 모든 상황을 긍정적으로 받아들이라. 즐겨야 웃을 수 있고 웃어야 오래 일할 수 있다.

감성 시대와 스토리텔링

아이디어는 인문학적 소재, 여성적 감수성, 그리고 드라마의 힘이라는 토양 위에서 싹튼다. 이 시대를 살아가는 사람들이 기능적이고 실리적인 측면보다는 이미지 중심의 감성적인 측면에 더 쉽게 마음이 끌리기 때문이다. 프레젠테이션도 마찬가지다. 청중의 마음을 열지 못한다면 아무리 훌륭한 내용을 발표해도 공염불에 그치고 만다. 근엄한 표정으로 앉아 있는 광고주나 의사 결정권자에게 자신의 의견과 제안을 전하고 그들의 흔쾌한 동의를 얻는 일이 만만치 않다. 기업은 프레젠테이션의 결과를 바탕으로 막대한 돈을 들여 사업을 추진하게 되므로 매우 까다롭고 비판적인 태도를 취하기 마련이다. 특히 경쟁 프레젠테이션의 경우엔 적어도 세 곳 이상이 참여하기 때문에 아무리 열심히 준비했더라도 상대적으로 돋보이지 않으면 제안이 받아들여지지 않을 수도 있다.

가장 큰 난관은 최종적으로 결정을 내리는 존재가 인간이라는 데 있다. 결정권자를 설득하기 위해선 복잡 미묘한 인간의 심리를 다루어야 하는데, 인간의 심리란 것이 일관성도 없고 다분히 비합리적이기까지 하다. 때문에 프레젠테이션의 내용보다 오히려 눈에 띄는 형식에 의해 좌지우지되는 경우가 많다. 그래서 프레젠테이션은 내용만큼 디자인이 중요하다.

군대에서처럼 차트를 넘기며 부동자세로 발표하는 프레젠테이션은 이제 사라졌다. 이른바 스토리텔링의 시대, 광고인의 설득 화법 몇 가지를 살펴보자.

설득의 재구성

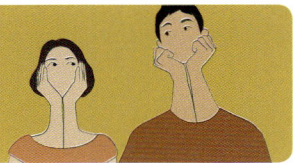

프레젠테이션은 원고와 발표자의 음성, 행동으로 이루어진다. 원고 혹은 마케팅 기획서나 광고 기획서를 들여다보면 대개 사실과 수치 정보가 나열되어 있거나 회사Company · 경쟁사Competitors · 고객Customers이라는 세 가지 측면을 살핀 3C분석, 강점Strength · 약점Weakness · 기회Opportunity · 위협Threat이라는 네 가지 기준으로 사안을 들여다보는 SWOT분석이 큰 비중을 차지한다. 이런 분석 틀은 상황을 이해하고 과제를 도출해내는 데 유용한 길잡이가 될 수 있다. 그러나 여기서 그치면 상대방을 설득할 수 없다는 것이 문제다. 광고주를 움직이려면 '사실'만으로는 부족하기 때문이다. 사실만을 말하는 사람은 프레젠테이션의 하수下手다.

그렇다면 하수보다 좀 더 나은 사람의 기획서는 어떤가? 수많은 자료 가운데 꼭 필요한 것만을 골라 상황을 분석한 뒤, 다양한 유사 사례를 들어가며 해결책을 정당화한다. 제시한 방법론과 유사한 길을 가서 성공한 경우와 가지 않아서 실패한 사례는 해결책에 대한 타당한 근거가 되기 때문이다. 우리가 인생을 살아감에 있어 선인들의 족적을 타산지석으로 삼는 것과 마찬가지다.

그렇다면 고수의 기획서는 어떤가? 누군가는 상대방을 설득하는 것의 어려움에 대해 이렇게 지적한다.

"내 지식이 불충분해서도 아니고 말주변이 서툴러서도 아니며 감히 해야 할 말을 함부로 할 수 있는 용기가 없어서도 아니다. 진정한 설득의 어려움은 상대방의 심정을 미리 파악해서 내 주장을 거기에 적용시켜야 한다는 데 있다."

마케팅이 고객과의 머릿속 싸움인 것처럼, 프레젠테이션도 결국 상대방의 머릿속으로 들어가서 상대방이 생각하고 있는 것이 무엇인가를 파악하고 그것을 바탕으로 나의 주장을 펼쳐야 하는 것이다. 그럴 때에만 나의 주장이 설득력을 지니고, 사례나 수많은 경우의 수를 고려한 분석도 단순한 나열 이상의 의미를 갖는다. 사람의 마음을 읽기 어려우니 자연히 프레젠테이션도 어려워지는 것이다.

영국에서 있었던 일화다. 영국 국철은 광고를 하기 위해 광고대행사와 계약을 맺었다. 그런데 프레젠테이션이 있던 날, 광고대행사 사람들이 약속한 시간이 지나서도 회의실에 나타나질 않았다. 한참을 기다리던 사장이 화가 나서 회의실을 떠나려던 찰나였다. 처음부터 모든 상황을 CCTV로 지켜보던 광고대행사 사람이 그제야 회의실에 나타났다. 그러고는 화가 난 사장에게 이렇게 이야기했다.

"저희가 역에 나가 보니 영국 국철은 광고가 부족한 것이 문제가 아니라 정해진 열차시간표를 제대로 지키지 못하는 것이 문제였습니다. 지금 사장님이 화가 나신 것처럼 모든 시민들도 매일 지각하는 영국 국철에 화가 난 상태입니다. 지금은 광고를 할 때가 아니라 열차를 약속 시간에 맞춰 운행하기 위한 대책을 세울 때입니다."

회사가 이 광고대행사에 광고를 맡긴 것은 물론이다.

프레젠테이션의 본질은 원고의 충실함이 아니다. 상대방의 마음을 읽고 설득하는 아이디어이다. 프레젠테이션의 목적은 설득이기 때문이다.

내 앞에 있는 자, 누구인가?

지피지기면 백전백승이라는 말처럼, 프레젠테이션의 첫 출발은 상대방에 대한 전략적인 분석이다. 우리가 앞으로 만나게 될 기업과 사람은 모두 다 다르다. 현재 사업에 대해 긍정적으로 생각하고 있는지 부정적으로 생각하고 있는지, 정말 이 사업에 전념할 생각이 있는지 아니면 초기에 시도해보고 잘 안되면 포기할 것인지에 대한 섬세한 관찰이 필요하다. 뿐만 아니라 상대방의 기호나 성향까지도 당연히 파악해야 한다.

이 모든 것들이 우리의 주장이나 제안에 대한 가이드라인이 될 뿐만 아니라 상대방이 좋아하는 화법을 선택해서 호감 가는 프레젠테이션을 만드는 첩경이 되는 것이다.

보수적인 성향이 강한 CEO에게 지나친 강공법은 먹혀들 리 없으며 유교적인 생활 습관을 가진 사람에게 자유 연애적 발상의 아이디어는 잘 받아들여지지 않을 것이다. '단계별 전략이 필요하다'는 주장을 상대방에게 제시할 때, 만약 의사결정권자가 골프를 좋아하는 사람이라면 파$_{par}$ 5홀에서 티 샷$_{tee\ shot}$이 러프$_{rough}$에 빠졌을 경우 우드$_{wood}$로 핀$_{pin}$을 곧바로 공략하는 방법과 일단 쇼트 아이언$_{short\ iron}$으로 페어웨이$_{fair\ way}$까지 안전하게 탈출한 뒤 핀을 공략하는 방법 중 어느 방법을 선택하는 것이 더 합리적인 방법인지를 비유하는 방식으로 상대방의 흥미를 자극하여 설득할 수 있을 것이다.

프로젝트가 만들어진 배경에 대한 파악, 즉 상대방에 대한 분석이 끝났다면 프레젠테이션 콘텐츠를 만들어야 한다.

그 작업의 핵심은 SET, 즉 이야기Story, 쉬움Easy, 훈련Tuning로 요약된다.

광고인의 말하는 법, SET

Story, 인간의 삶이 녹아 있는 이야기로 만들라

2002년으로 되돌아가 보자.

월드컵으로 전 국민이 하나가 되었던 그해, 우리의 마음을 뜨겁게 울린 한 마디 말이 있었다.

"나는 아직도 배가 고프다."

16강 진출이라는 쾌거를 거두고 난 뒤, 거스 히딩크Guus Hiddink 감독은 이 짧은 문장으로 우리에게 한 마리 굶주린 야수의 이미지를 보여주었다. 이 야수는 히딩크 자신이기도 했지만 무엇보다 태극전사들, 더 나아가서는 대한민국 그 자체였다. 그때까지 단 한 번도 월드컵 경기에서 승리해본 적이 없는 나라, 그래서 너무나 승리에 목말라 있던 우리의 모습이 이 한 마디에 담겨 있다. 우리가 바로 야수일진데, 누가 히딩크의 말에 열광하지 않을 수 있을까. 야수의 이미지와 청자의 스토리를 절묘하게 결합하여 전 국민을 사로잡은 명언이다. 그가 만약 "우리는 더 큰 목표가 있습니다"라고 했다면 어땠을까? 스토리도 없고 이미지도 없는, 그야말로 하나 마나 한 포부 정도였을 것이다.

"I have a dream"으로 기억되는 마틴 루터 킹Martin Luther King Jr목사의 연설을 보자. 마하트마 간디Mahatma Gandhi에 영향을 받은 그는 인종차별에 대한 비폭력, 평화적 저항에 대해 "형제애로 다져진 식탁"으로 연설을 이어갔다. 워싱턴의

링컨 기념관 광장에 운집한 25만 명의 청중들이 감동한 것은 물론이었다.

> I have a dream that one day on the red hills of Georgia the sons of farmer slaves and the sons of farmer slaveowners will be able to sit down together at a table of brotherhood.
> 나는 꿈을 가지고 있습니다. 어느 날 조지아의 붉은 언덕 위에 농노의 자식과 농주의 자식들이 함께 형제처럼 식탁에 둘러앉는(살게 되는) 꿈입니다.

스티브 잡스가 2005년 스탠포드 대학교에서 한 연설 또한 잘 짜인 한 편의 드라마였다.

> Today I want to tell you three stories from my life.
> That's it. No big deal. Just three stories.
> The first story is about connecting the dots.
> 오늘, 저는 여러분께 제가 살아오면서 겪었던 세 가지 이야기를 해볼까 합니다. 그게 다입니다. 별로 대단한 이야기는 아니구요.

"딱 세 가지만요. 먼저, 인생의 전환점에 관한 이야기 입니다."라고 시작한 스티브 잡스의 연설은 10여 분에 걸쳐서 진행되었다. 인생의 전환점이었던 대학교 자퇴의 순간, 일에 대한 사랑과 동료와의 애증의 관계들, 그리고 매일 매일을 죽을 것처럼 일하려 자신이 겪은 세 가지 이야기를 통해 명문대를 졸업하고 사회에 진출하는 졸업생들에게 우직하게 자신만의 길을 갈 것_{Stay Hungry, Stay Foolish}을 감동적으로 전했다. 자칫 계몽적이고 교조적으로 들릴 만한 내용을 소프트한 리얼 스토리로 전달해서 듣는 사람들의 몰입도와 설득력을 높인 것이다.

1983년 스티브 잡스는 코카콜라에 있던 존 스컬리에게 "자네 설탕물을 계속 만들 텐가? 아니면 나와 함께 인간의 잠재력을 키우는 일에 헌신해보겠나?"라고 드라마의 힘을 빌어 설득한 일화는 유명하다. 또 아이팟의 성공을 이끈 아이팟 나노의 프레젠테이션에서 "무려 1만 곡을 이 작은 아이팟에 담을 수 있다"는 설명과 함께 자신의 청바지 주머니에서 아이팟을 꺼내는 드라마를 연출해서 청중들의 탄성을 불러 일으켰다. 이 모든 것이 상대방의 자연스러운 공감을 유도해내는 드라마의 힘인 것이다.

만약 당신이 "한 발 앞서 트랜드를 읽어야 합니다"라고 주장할 때 어떤 이야기를 활용해야 하는가? 무수히 많은 사례가 있지만, 아이스하키의 전설적 영웅 웨인 그레츠키_{Wayne Douglas Gretzky}의 말을 활용해도 좋을 것이다.

"나는 퍽_{puck}이 있는 곳이 아니라, 퍽이 갈 곳으로 달려간다."

또 하나, 소비자의 무관심은 아랑곳하지 않고 자기 제품의 자랑만을 늘어놓고 싶은 광고주들이 종종 있다. 그런 광고주에게 "제품의 장점을 일방적으로 전달하는 것이 아니라 고객이 듣고 싶어 하는 내용으로 전달해야 합니다"라고 말한다고 해서 그들이 수긍할까? 여기에 대한 나의 비법 하나를 소개한다.

나는 광고주에게 이렇게 묻는다. "만약 우리나라가 수출 1천억 불을 돌파했다는 뉴스와 집 앞에 얼음방이 두 개나 있는 찜질방이 생겼다는 뉴스를 동시에 접했다면, 여러분들은 어떤 소식에 더 관심이 가겠습니까?"라고. 대부분의 광고주들은 내 이야기의 관점을 수긍했다. 인간은 이기적인 동물이기 때문에 상대방의 언어로 이야기해야 하는 것이다.

 이를 연습하기 위한 좋은 방법은 편지를 쓰는 것이다. 편지를 쓸 때처럼, 일단 인사를 하며 공통의 관심사를 통해 공감대를 형성하고 난 뒤 자신의 의도를 자연스럽게 밝히고, 이에 대한 구체적인 사례를 열거 한 후, 마지막으로 자신의 주장을 받아들였을 때 상대방이 얻는 이점을 환기시킨다면 물 흐르듯 막힘없는 구성이 가능할 것이다.

Easy, 전체적인 흐름이 쉽게 이해되도록 하라

 결혼식장에 가보면 하객들은 이미 하품을 하기 시작했는데, 감동도 내용도 없는 장광설을 늘어놓는 주례를 가끔 보게 된다. 무더운 여름날 교장 선생님의 훈화 말씀은 하나같이 어찌나 길었던지.

 30초의 예술을 만들어내는 광고인조차도 예외가 아니다. 필자도 후배들이 쓴 기획서나 광고 카피를 보다 보면 너무나 많은 내용을 담고 있어서 핵심이 보이지 않거나, 아예 핵심이 전도되는 경우를 종종 본다. 과잉 의욕도 보는 사람을 지루하게 만든다.

 신속하고 정확하게 최대의 이익을 창출해내야 하는 세계에서 살아남으려면, 상대방에게 단시간에 자신의 의도를 일목요연하게 전달할 수 있어야 한다. 그러므로 비즈니스맨의 기획서는 깔때기다. 상대방이 혹할 수 있는 단 한 방울의 에센스를 짜내어 보여주어야 한다. 기획서의 전 과정과 흐름은 하나의 결론을 도출하기 위한 장치로, 결론에 도움을 줄 수 없는 모든 자료들은 가지치기를 해버려야 한다.

> 디스플레이: 13.3″ 초박형 LED 백라이트 와이드스크린 6비트 디스플레이,
>   1280×800 픽셀 해상도
> 크기: 깊이 22.7cm × 가로 32.4cm × 높이 0.4~1.94cm
> 무게: 1.36kg
> 배터리: 37 W-Hr 리튬폴리머 배터리 / 5시간 사용 가능
> 기억 장치: 80기가바이트(GB) PATA 하드 드라이브 / 64기가바이트 SSD (옵션)
> CPU: 특별 제작한 1.6GHz 인텔 코어 2 듀오 프로세서, 800MHz 프론트 사이드
>   버스 / 1.8GHz 코어 2 듀오(옵션)
> 메모리: 2GB PC2-5300 DDR2 SDRAM

이것은 2008년 처음 출시된 맥북 에어 Macbook Air 의 사양이다. 당신이라면 이 제품을 무엇이라고 설명하겠는가? 스티브 잡스는 아무 말 없이 맥북 에어를 종이로 된 서류봉투에서 꺼내 보여주는 것으로 모든 설명을 대신했다. '세상에서 가장 얇은 노트북'을 행동으로 설명했던 것이다.

수덕사 대웅전 안내 표지판에 이런 문구가 있다.

> 국보 제49호. 맞배지붕에 주심포양식을 한 이 건물은 구두 밑에 헛점차를 두고 주도와 소로는 굽받침이 있으며, 첨차 끝은 쇠서형으로 아름답게 곡선을 두어 장식적으로 표현하고 특히 측면에서 보아 도리와 도리 사이에 우미량을 연결하여 아름다운 가구를 보이고 있다.

이걸 보고 과연 누가 알아듣겠는가?

진정한 전문성은 아무리 어렵고 전문적인 내용이라고 해도 대중이 알아들을 수 있는 언어로, 그것도 설득력 있게 전달할 수 있을 때 빛나는 법이다. 설득은 신뢰와 이해와 공감의 산물이다. 결코 전문성의 포로가 될 수 없다. 신뢰, 이해, 공감 모두 중요하지만 그 중에서도 공감이 가장 중요하다. 전문성은 결국 상대방이 인정해 줄 때 생겨나기 때문이다.

물론 전문성이 필요할 때도 있다. 전문가들끼리 모여 심도 있는 논의를 하려면 전문 용어를 써야 한다. 하지만 일반인을 대상으로 하거나 최소한 그 분야의 비전문가들을 대상으로 할 때, 전문 용어는 별 도움이 되지 않는다.

> 케네디는 "우리는 우주항공산업의 국제적인 리더가 될 것이다"라는 이야기를 "우리는 금세기 안에 인간을 달에 착륙시키고 무사히 지구로 귀환시킬 것이다"라고 쉽게 이야기했다.
>
> 삼성의 이건희 회장은 "혁신만이 살 길이다"라고 이야기하지 않고 "마누라와 자식만 빼 놓고는 다 바꿔라"라고 누구든지 알아들을 수 있는 언어로 이야기했다.
>
> 스티브 잡스는 컴퓨터를 무엇이라고 이야기했을까? 인류의 진보를 가능케 한 혁신적인 발명이라고 했을까? 아니다. 그는 "우리의 지성을 위한 자전거"라고 이야기했다.

역대 대통령들이 내세웠던 캐치프레이즈도 좋은 탐구 사례가 된다. 노태우 전 대통령은 '보통 사람'을, 김대중 전 대통령은 '준비된 대통령'을, 이명박 현대통령은 '경제 대통령'을 내세웠다. 심플한 한마디가 상대의 뇌리에 깊이 남는 법이다.

'서로 사랑하라.'

'돈 보기를 돌같이 하라.'

'네 이웃의 여인을 탐하지 말라.'

모두가 인정하는 위대한 진리도 이처럼 단순하다.

이름을 지을 때도 심플하고 단순해야 오히려 오래 기억에 남을 수 있다. 멋들어진 외래어를 사용한다고 품격이 올라가는 것이 아니다. 예컨대 '시프트'라는 이름의 장기 전세 주택 아파트 이름이 있다. 소유 개념이 아니라 주거 개념으로 관점을 전환시키기 위해 지은 이름이라지만 이 이름에서 장기 전세 주택을 떠올리는 사람이 몇이나 될까? 우리말로 된 보금자리 아파트가 훨씬

더 잘 어울리는 것 같다.

이제부터는 말을 짧게 줄이는 연습이 필요하다. 이런 능력은 유명 인사들의 연설에서 잘 나타난다.

1992년 대종상 여우주연상을 받은 장미희는 "참 아름다운 밤이에요"라는 한마디로 청중을 사로잡았다. 또 한국방송 프로듀서상에서 라디오 진행자 부문 출연자상을 받은 손석희도 수상 소감에서 "이 상의 33%는 저희 제작진께 드리겠습니다. 또 33%는 저와 인터뷰 하느라 고생했던 인터뷰어들에게, 33%는 청취자들에게 보내겠습니다. 그리고 나머지 1%는 저와 가족들이 가져가겠습니다"라고 해서 수상의 영광은 프로그램을 함께 만든 모든 이들의 것임을 쉽고 친근하게 전달하였다.

광고 캠페인의 역사 속에도 쉽고 간결한 카피들이 반짝거리고 있다.

"The UnCola!" – 세븐 업

"30분 내 빨리!" – 도미노 피자

"Just do it!" – 나이키

"20개의 건강한 치아를 80세까지!" – 애경 2080 치약

"사랑은 움직이는 거야!" – KTF

필자 역시 간결한 카피를 만들기 위해 노력해왔다.

"밸런스 – 금융을 답하다" – 대신증권

"햇살 좋은 날" – 빙그레 아카페라

"3초만 음미하라" – OB 골든 라거

"Everyday Casual" – 랜드로바

"내 몸 같은 가발" – 하이모

"당신을 보내세요" – KTX

"인생은 길기에" – 삼성생명

"찌꺼기 없는 휘발유" – 엔크린

"잘 나갑니다" – 에쓰 오일

"맛있게 맵다" – 해찬들 고추장

만일 당신의 주장이 아무리 훌륭하다 할지라도 그 수가 열 가지나 된다면, 판결을 내리는 배심원들은 그중 단 하나도 제대로 기억하지 못할 것이다.

동요 중에 〈곰 세 마리〉라는 노래가 있다. 왜 곰이 두 마리도 아니고 네 마리도 아닌 세 마리일까? 둘은 너무 단순하고 넷은 너무 복잡해서다.

Tuning, 연습하고 연습하고 또 연습하라

좋은 내용을 가지고 설득하기 위한 발표 요령에는 어떤 것들이 있을까?

첫째, 시선·음성·호흡을 활용하라.

청중, 특히 의사결정권자와 눈을 마주쳐야 한다. 이는 나의 진정성과 열정을 알리기 위함만이 아니다. 호흡의 힘도 무시할 수 없다. 웅변을 시작할 때 "친애하는 여러분!" 하고 장내를 둘러보는 연사의 경우를 상상해보라. 혹시 습관적으로 반복하는 단어가 있는가? 연습을 통해 없애라. 아무리 좋은 말이라도 자주 쓰면 거슬리는 법이다.

둘째, 첫 인상이 중요하다.

발표할 차례가 되어 발표자가 앞으로 나서는 순간, 청중의 눈에 가장 먼저 보이는 것은 발표자의 외모다. 그가 어떤 차림새를 하고 있는가가 발표의 첫 인상을 형성한다. 따라서 자리에 어울리는 단정한 용모와 의상은 발표자의 기본이다. 서 있는 자세가 부자연스러워 보이지 않으려면 손놀림에 신경을 써야 한다. 슬라이드의 내용을 소개하거나 질문을 주고받을 때를 제외하면 손만 따로 놀기 십상이다. 앞서 의사결정권자와 시선을 마주치라고 했지만, 그렇다고 그 사람만 바라보아서는 안 된다. 청중 모두에게 자연스럽게 말을 걸듯이 골고루 시선을 분산하라.

셋째, 자료를 시각화하라.

스티브 잡스의 프레젠테이션 슬라이드를 보면 한 화면에 내용이 두 줄 이상 되는 경우는 도표가 포함된 경우를 빼고는 거의 없다. 한 장에 많은 내용을 넣으면 발표자는 청중들의 시선을 슬라이드에 빼앗기고, 내용을 전달하기 어려워진다. 청중들이 청각적인 정보에 시각적인 정보라는 두 마리 토끼를 모두 잡으려다가 둘 다 놓치는 격이다. 내용이 압축되어 있는 키워드만 제공하여 청중들의 상상력을 자극해야 한다. 슬라이드는 아주 특수한 경우를 제외하고는 한 페이지 안에 하나의 내용만을 넣어야 한다.

넷째, 사람들은 그들과 관련된 실례實例, 비유, 의미 있는 숫자들, 일화와 경험을 소개하면 아주 쉽게 이해하고 받아들인다는 것을 기억하라.

물론 가장 좋은 것은 자신에게 우호적 질문을 할 사람을 미리 청중 속에 심어두거나 발표 도중에 미리 자신에게 우호적인 청중을 파악하여 그 사람에게 질문하는 것이다. 질의응답 시간에 마냥 방어적인 입장이 되기보다는 나서서 주도적으로 분위기를 이끌 수 있어야 한다.

그러나 잊지 말아야 할 가장 중요한 것이 있다.

프레젠테이션의 명인 스티브 잡스도 그의 신제품 발표회 '맥 월드'를 앞두곤 한 달씩 리허설을 했다는 사실. 흔히 리허설이라고 부르는 이 시간만큼 중요한 것은 없을 것이다.

빌 게이츠와 비틀즈를 만든 '1천 시간의 법칙'처럼 오직 연습, 연습만이 당신을 설득의 대가로 만들어줄 것이다.

4
예술에서 배우는
빅 아이디어 발상법

소비자의 가슴속으로 들어가라

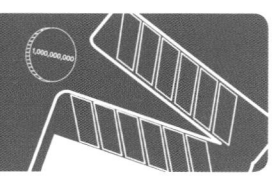

마케팅이란 눈에 보이는 시장을 상대로 하는 것이 아니다. 구매 결정은 고객의 머릿속에서 이루어진다. 시장은 그 속에 있다. 그러므로 브랜드 이미지나 제품 이미지가 얼마나 강력하게, 매력적으로 고객의 인식 속에 각인되는가가 마케팅의 성패를 좌우한다. 실제 우리 자신의 머릿속에 형성된 브랜드 이미지를 살펴보면 마케팅이 머릿속 자리 뺏기 싸움이라는 것은 더욱 분명해진다.

스포츠 브랜드 나이키에서는 마이클 조던과 타이거 우즈가 연상된다. 또 다른 스포츠 브랜드인 아디다스에서는 독일 축구의 정교함이, 리복에서는 여성들의 에어로빅 슈즈가, 퓨마에서는 컬러풀한 스타일이 떠오른다. 이처럼 우리의 머릿속에는 어떤 특정 제품보다는 제품들이 속한 브랜드 자체가 그 이미지와 결합된 형태로 저장되어 있다.

브랜드는 고객의 머릿속에 자리 잡고 있는 일종의 카테고리다. 우리가 사물이나 정보 따위를 카테고리에 따라 정리하듯, 고객도 브랜드에 따라 제품을 정리한다. 따라서 마케팅과 광고 커뮤니케이션의 목표는 브랜드 이미지 확립이다. 빅 브랜드는 고객에게 직접적인 구매로 이어지는 강력한 동기다.

우리가 자주 마시는 음료수만 보더라도 박카스, 칠성사이다, 포카리스웨트, 서울우유, 비타500 등의 소위 빅 브랜드들은 우리의 제품 카테고리에서 가장 강하게 자리 잡고 있다. 이들 브랜드는 시간이 지나도 좀처럼 잊혀지지 않는다.

인류가 살아오면서 지난 50년만큼 큰 변화를 겪은 적은 없다. 세상은 시시각각 바뀌고 있고 소비자들의 인식도 어제와 오늘이 다르며 인지적 구두쇠가 되어가는 경향이 짙다. 게다가 기업이 끊임없이 노력해도 이제 더 이상 제품의 기능을 획기적으로 차별화하는 일은 쉽지 않다. 이런 시대에는 고객의 마음에 접속할 마케팅 커뮤니케이션 모델이 필요하다.

이전 시대까지의 마케팅 커뮤니케이션 모델이 '아이드마AIDMA'였다면 오늘날 새롭게 주목받는 모델은 '아이사스AISAS'이다. 과거에는 소비자들이 광고를 통해 상품에 대한 구매 자극을 얻고, 물품을 구매하여 구매욕을 해소했다. 지금은 광고뿐만 아니라 인터넷을 정보 소통의 도구로 활용한다. 제품을 사기 전부터, 이미 그 제품을 구매한 다른 사람이 게시한 제품 정보, 사용 후기 등의 정보를 탐색한 후에 구매 결정을 내리며, 구매 후에도 인터넷에 자신이 제품을 사용하면서 느낀 점 등을 게시하며 다양한 사람들과 제품 정보를 공유한다.

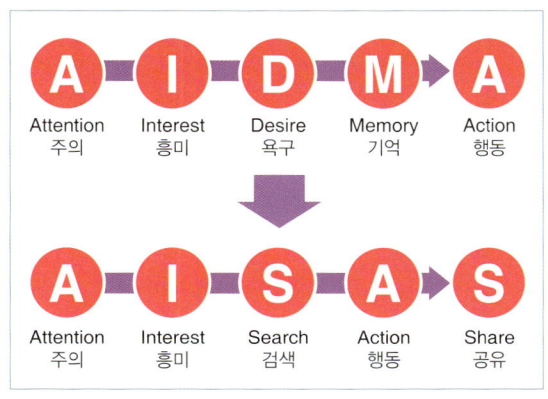

단지 광고 제작물의 수준을 올려 4대 매체(TV, 라디오, 신문, 잡지)와 동시에 프로모션을 운영하면 시장의 반응이 저절로 오던 시대는 지났다. 소비자가 관심을 가지고 탐색하고 공유할 정도로 이슈가 될 만한 콘텐츠를 만들어야 한다. 무엇으로 소비자들의 탐색과 공유를 자발적으로 유도할 것인가?

혁신적인 기능으로 이슈를 만들어내기는 어려워졌다. 매일매일 변하는 고객들의 욕구에 대응하려면 기술 개발보다는 제품에 새로운 이미지를 덧씌워 제품 개념을 바꿔주어야 한다. 그러자면 아이디어가 필요하다. 아이디어는 상상력에서 비롯된다. 상상력은? 인간 정신 유산의 보고, 예술에서 비롯된다.

인간을 세상의 중심으로 만든 회화적 상상력

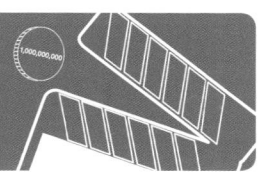

르네상스 시기의 문화적 유산 가운데 회화는 단연 압도적인 비중을 차지한다. 르네상스의 정신이 회화 속에서 가장 아름답게 꽃피웠기 때문이다. 그 가운데 가장 돋보이는 성취는 '원근법'의 재발견이다. 고대 그리스의 예술적 성취를 되살린 원근법은, 르네상스 회화가 중세 회화와 구별되는 가장 큰 특징이다.

중세 시대, 신은 세상의 유일한 중심이었다. 신은 모든 것을 알고 있고, 모든 존재를 동시에 두루 살폈다. 이러한 신 중심적 세계관은 자연히 회화에도 영향을 주었다. 화가들은 신의 눈으로 바라다 본 모습대로, 거리나 위치에 상관없이 사람이나 사물을 일정한 크기로 묘사했다. 회화의 구성이나 배치는 평면적이었고 깊이감이나 거리감이 느껴지지 않았다.

르네상스 시대에 접어들면서 회화 속에 원근법이 나타나기 시작했다. 화가가 서 있는 위치를 기준으로 인물이나 사물이 화폭 속에 배치되었고, 멀수록 작고 희미하게 가까울수록 크고 선명하게 묘사되었다. 이제 화가가 어디에 서 있느냐, 관점이 어디로 이동하느냐가 회화 작품 구성에 중요해진 것이다. 이는 중세 회화와 르네상스 회화를 구분 짓는 중요한 기준인 동시에 주체적 개인의 발견, 인문주의의 옹호라는 르네상스 시기의 핵심 가치를 단적으로 보여주는 일대 사건이 되었다.

다빈치가 그린 〈최후의 만찬〉을 보라. 그림의 주인공은 화가의 정면에 앉

원근법이 적용된 〈최후의 만찬〉

아 있는 예수로, 그를 중심으로 나머지 인물들이 배치되어 전체적으로 통일감 있게 구성되어 있다. 또한 그림의 배경이 되는 공간이 예수의 얼굴을 소실점으로 하여 뒤로 갈수록 작아지고 그림에 공간감을 부여하고 있다.

이렇듯 원근법은 다빈치의 〈최후의 만찬〉을 비롯한 수많은 르네상스 걸작을 낳았고 인간이 세상의 중심이라는 르네상스의 정신을 꽃피웠다.

필자가 여기에서 주목하고 싶은 점은 예술의 선견지명先見之明이다. 예술이 인간의 역사 속에서 다양한 역할을 수행하며 발전해왔지만, 그 가운데서도 예술 속에는 미래를 예측하는 힘이 내재되어 있다. 하지만 그 힘이 저절로, 마치 접신接神된 듯 발휘되는 것은 아니다. 누구보다 절실하게 생각하고 '지금'을 치열하게 살아가는 예술가들이 지금 속에 잠들어 있는 미래의 씨앗을 발견하는 과정에서 솟아나는 것이다. 르네상스 화가들이 중세 말기를 거치면서 다음 시기의 정신적 가치를 원근법이라는 회화 기법으로 발전시킨 것은 이러한 '미래를 예측하는 힘'에서 비롯되었다고 볼 수 있다.

　예술은 아예 스스로를 '전위적前衛的'이라 칭하는 데 주저하지 않는다. 예술 사조 중 하나인 '아방가르드avant-garde'란 프랑스어로 '앞서avant'와 '파수꾼, 감시인garde'을 결합한 단어이다. 이 말 속에 예술이 지닌 힘이 드러나 있고, 지독한 현실 탐구 속에서 미래의 가능성을 발견하는 예술의 사회문화적 사명이 깃들어 있다.

　우리는 모두 현재를 살아가고 있지만, 그저 '살아내는' 데 그치고 있는 경우가 많다. 있는 그대로를 받아들이고, 주어지는 것들을 해내기에 급급하다. 그러면서 우리가 속한 이 시대를 지배하는 패러다임에 적응하고, 기성의 가치와 당위를 받아들여 그에 어울리는 삶의 양식을 추구하게 된다. 그러나 예술가들은 자신의 시대를 있는 그대로 받아들이지 않으려는 힘을 지닌 사람들이다. 주위의 모두가 한 가지 목표만을 갖고 남들과 똑같은 방식으로 바라보고 있을 때, 그들은 남들보다 더 깊이 현재를 탐구한다. 그 결과 현실의 이면을 들추어내고 급기야 세상을 다른 방식으로 바라볼 수 있는 새로운 패러다임을 제시하기에 이른다. 르네상스 시대에는 신 중심의 패러다임에서 인간 중심의 패러다임으로 옮겨갔다.

　인간 중심적인 사고는 인간의 시선에서 자유롭게 자연을 탐구하려는 움직임을 자극했다. 그도 그럴 것이 중세 시대 동안 성서나 교회의 가르침과 배치되는 자연과학적 주장들은 종교적으로 극심하게 탄압을 받았기 때문이다. 교회의 천동설에 맞선 코페르니쿠스의 지동설이 당한 고난으로 대표되듯, 교회의 경직된 지적 체계는 인간의 합리적인 사고를 가로막아 참된 자연을 이해하는 것을 방해했다.

르네상스에 접어들자 그동안 자연과학자들이 안으로 축적해왔던 학문적 성과가 열매를 맺기 시작했다. 이들은 관찰과 탐구를 통해 근대 과학을 발전시켜나갔다. 그 결과가 산업혁명으로 이어짐에 따라 인간의 생활은 전보다 물질적으로 풍요로워졌다. 하지만 지나치게 과학적·객관적인 사실만을 추구하다 보니 인간의 사고가 합리성과 효율성만을 중심으로 경직되는 부작용도 나타나게 되었다.

과학의 발전이 회화를 위협한 것은 물론이었다. 사진이 발명되어, 풍경화나 초상화에 대한 수요가 급감했다. 이제 대상의 사실적 묘사만으로 회화의 존재 근거를 마련할 수 없게 된 것이다.

당시에는 그림을 실내 공간에서만 그렸다. 그림을 그릴 때마다 매번 고체나 가루 형태의 물감을 기름이나 고무 등에 개어 써야 했기 때문에 바깥에서 작업할 엄두가 나지 않았던 것이다. 그런데 물감을 튜브 용기에 담아 쓸 수 있게 되자 야외에서도 그림을 그릴 수 있게 되었다. 덕분에 화가들은 자연 풍경을 직접 보면서 그릴 수 있었는데, 이때 화가들은 크게 놀랐다. 그동안 진리라고 믿어왔던 세상의 균일성을 의심할 수밖에 없는 상황을 맞이했기 때문이다. 세상에는 '빛'이 있었고, 빛이 달라짐에 따라 매 순간 사물과 풍경의 빛깔이 시시각각 달라졌던 것이다.

화가들은 순간순간 변화하는 자연의 빛에 집중했고, 사물의 본래 색깔을 찾기보다 그때그때 자신의 감각에 전해지는 시각적 이미지에 집중했다. 객관적인 현상에 대한 믿음이 깨어지자, 화가 자신이 지닌 주관이 회화 속에 침투하기 시작했다. 이렇게 현대 미술은 또 다른 변화를 예고했다.

작가의 주관적 작품 활동에는 표현 대상을 자유롭게 선택하는 것도 포함되

주관적인 사물 인식과 빛의 영향으로 변화한 19세기 서양 회화

었다. 주제나 대상에 구애받지 않는 미술 활동은 초현실주의나 야수파, 표현주의 등 인간의 상상력과 창의력이 풍부해질 수 있는 예술적 토양을 마련하게 되었다. 과학 만능, 이성 만능의 시대에 회화는 객관주의에 대항하는 주관주의의 꽃을 피워 또다시 시대를 한발 앞서 간 것이다.

우상을 조롱하는 상상력, 시대를 비판하는 상상력

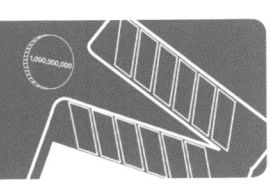

　사회가 자본주의의 물결에 젖어들게 되자, 사람들은 모든 가치를 돈으로 환산하기 시작했다. 르네상스 시기 이래로 발전해온 예술 작품도 예외는 아니었다. 가진 자들은 높은 값을 치르고서라도 미술품을 소유하는 일을 마치 대단히 고상한 취미쯤으로 여기게 되었다. 치열한 노력으로 인간의 상상력을 빛냈던 예술 작품들도 이제는 한낱 값비싼 물건에 지나지 않는 신세로 전락한 것이다. 그리고 그것들이 이제 새로운 권력, 기성 권위로 군림하기 시작했다.

　이때 예술의 새로운 패러다임을 제시한 아이콘이 나타났다. 구두 디자이너이자 예술가, 영화제작자이기도 한 앤디 워홀이 그 주인공이다. 앤디 워홀은 터무니없이 비싼 값에 팔리는 회화나, 겉멋이 잔뜩 든 예술 작품에 반기를 들며, 일상생활에서 흔하게 접할 수 있는 것들을 복제하거나 반복해서 생산하며 대중성과 대량생산이라는 자본주의 문화의 특징을 반영했다.

　그때까지만 해도 사람들은 단 하나뿐이며 아무도 복제할 수 없는 미술 작품이야말로 진정한 예술적 아우라를 지녔다고 생각하고 있었다. 하지만 워홀은 이러한 생각을 정면에서 부정했다. 대량생산이 용이한 실크스크린 기법을 도입해 같은 작품을 반복해서 생산했다. 그동안 예술적 대상이라고 생각할 수 없었던 캠벨 수프 통조림을 그리는가 하면, 엘비스 프레슬리나 마릴린 먼로와 같은 대중 스타의 얼굴을 작품의 소재로 삼았다. 그는 선배 화가들이 달성하고자 했던 예술적 경지에 이르기보다는, 자신의 예술 속에 시대적 의미를 담고자 했다. 실제로 그가 그린 초상화 작품은 대단한 회화적 성취를 바탕으로 하기보다는 실크스크린 기법 자체에서 비롯된 독특한 색감을 주된 표현 수단으로 삼았다. 워홀의 초상화는 '누가 대상인가'가 중요했다. 그는 보통 초상화의 모델로 다루어지지 않지만 대중적인 스타 혹은 특정 민족이나 인종의 대표자를 골랐다. 모두가 그의 초상화 속 모델이 되고 싶어 했고, 워홀의 생각대로, 그가 그리는 사람은 실제로 그 시대의 핵심 인물이 되었다.

워홀은 아우라를 지닌 예술 작품조차 고가에 거래되는 자본주의 사회에 어울리는 새로운 예술 장르를 개척했다. 이것이 바로 대중성과 대량생산이라는 자본주의적 속성을 철저히 체화한 팝아트였다. 팝아트는 예술마저 넘어서는 예술의 혁신적 상상력의 산물이었다.

우리나라에는 찰리 채플린만큼 잘 알려져 있지 않지만, 프랑스에서는 국민적 예술가로 받들어지는 '프랑스의 찰리 채플린', 자크 타티Jacques Tati는 시대를 앞서 예견한 선구적 예술가였다. 1950년대 작품인 〈나의 아저씨Mon Oncle〉에서 타티는 이미 물질만능주의와 기계화의 문제점을 지적하고 있다. 필자는 2009년 프랑스에서 열린 자크 타티 영화제에서 그의 작품을 여러 편 관람하게 되었는데, 모든 작품들이 지금 우리가 살고 있는 시대의 모습을 그대로 담고 있었다. 타티는 자동화의 문제, 자본주의의 폐해, 과시형 소비, 반복적 업

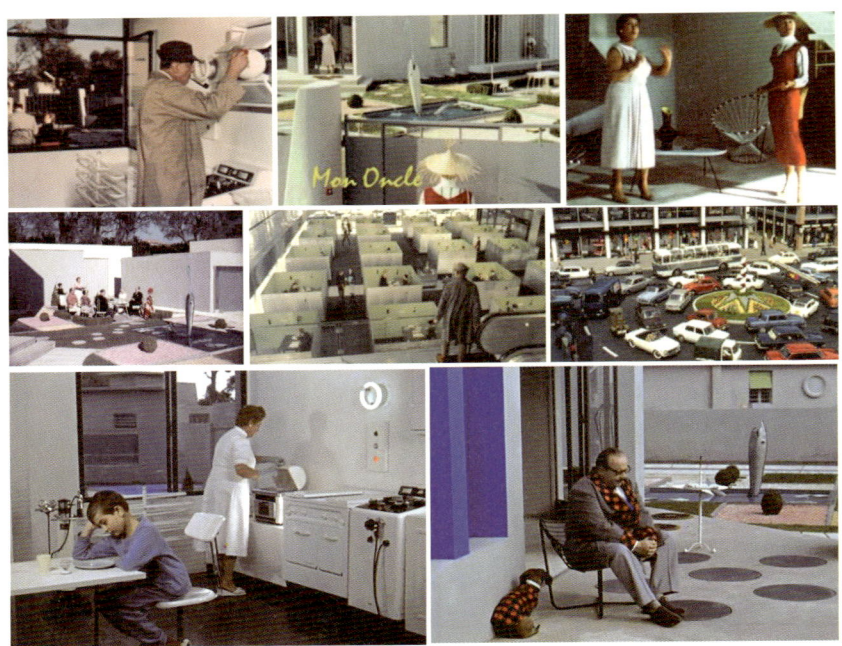

현대 사회의 자동화와 고독, 모더니즘적 건축 양식을 보여주고 있는 자크 타티의 영화들

무의 고단함과 비인간화 등을 찰리 채플린과는 또 다른 방식으로 풍자했고, 한 단계 더 나아가 미래의 모습까지 예견했다. 시대를 통찰하여 앞날을 미루어 짐작할 수 있었던 것 역시 예술로부터 우리가 배울 상상력의 힘이다.

지금까지 살펴본 예술가들의 공통점은 무엇일까? 이들은 자신들이 처한 시대적 상황을 정확히 파악하고 그 위에서 패러다임을 뒤집을 새로운 상상력을 발휘했다는 것이다. 그 결과 새로운 미래상을 제시할 수 있었다. 다시 말해, 현재의 본질 파악이 미래를 예견하는 첫걸음이며 창조력의 자양분인 셈이다.

컨버전스 시대의 반항적 상상력

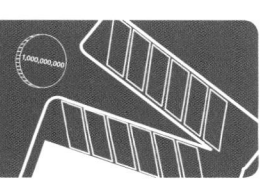

어떤 문제나 현상에 대해 새로운 아이디어가 가능한 이유는, 본질이 변하지 않더라도 그 본질을 인식하는 체계만은 새로이 만들어낼 수 있기 때문이다. 그런 관점에서 아이디어란 사람들이 특정 대상에 대해 갖고 있는 기존의 인식을, 다양한 정보들의 관계를 파악하고 새로이 조합하여 새로운 인식으로 바꾸어주는 과정과 다르지 않다. 따라서 정보와 정보의 맥락을 자유자재로 바꿀 수 있는 사람, 정보의 분류 개념이 남다른 사람이 창의적인 사람이라고 할 수 있다. 문제는 수많은 정보들을 어떻게 다룰 것이냐로 모아지는 셈이다.

Web 2.0 시대를 통과하고 있는 지금, 정보의 홍수라는 말은 단순히 과장을 위한 표현이 아니다. 선별되지 않은 수많은 정보가 쏟아지고 있다. 무차별적으로 쏟아지는 정보들은 오히려 사람들의 판단력을 흐릴 지경이다. 따라서 자신에게 가치 있는 정보와 그렇지 않은 정보를 판단하는 능력은 21세기를 살아가는 모든 사람들이라면 반드시 갖춰야 할 필수조건이다.

이처럼 가치가 있는 정보를 찾아 자신만의 지식으로 습득할 수 있는 힘을 지닌 사람들이라면, 21세기는 최고의 기회를 제공한다. 정보는 널려 있고, 정보를 실어 나르는 미디어 또한 모든 사람들의 책상과 안방에까지 뻗어 있다. 정보와 정보를 더하고 곱하고 나누고 빼는 과정을 통해 누구나 새로운 지식을 무궁무진하게 생산해낼 수 있는 시대인 것이다. '새로운 것을 만들어내는 힘', 즉 창의력과 창조력을 지향하는 환경적 조건이 아주 풍성하고 탄탄하게 준비되어 있다. 정보와 정보의 결합이 다양한 맥락에서 해석되어 다양한 결과를 산출할 수 있는 시대가 되었다. 그런 흐름을 타고 '호모 컨버전스Homo Convergence, 융합하는 인간'라는 말까지 등장했다.

하지만 이런 경향은 사실 우리 시대만의 특징은 아니다. 문화적 존재로서 인간은 언제나 혼합적이었고, 대부분의 문화적 발전은 섞임에 의한 결과물이라고 해도 무관치 않다. 헤겔Hegel이 주창한 정반합의 연속을 통한 역사 발전의 법칙 역시 이런 컨버전스에 의한 인간 역사의 발전사를 지적한 것과 크게 다르지 않다.

문제는 디지털 시대가 도래하면서 이런 정보와 정보의 융합이 더 빠르고 과감하게 이루어지기 시작했고, 어지간히 재빠른 사람들이 아니고는 정보들의 융합을 통한 새로운 아이디어 창출이 결코 쉽지 않아졌다는 것이다. 문은 누구에게나 열려 있지만 이미 앞서 달려가는 경쟁자들이 부지기수로 많은 상황인 것이다. 그렇다면 이 치열한 경쟁을 뚫고 다른 사람들이 생각하지 못하는 새로운 아이디어를 만들어내기 위해서는 어떻게 해야 할까?

여러 요소들이 거론될 수 있겠지만 가장 중요한 것은 맥락적 사고다. 우리는 보통 대상을 전경과 배경의 통합된 전체로 파악한다. 우리의 인식이 맥락으로 이루어져 있기 때문이다. 이처럼 배경과 대상의 조합인 맥락을 제대로 이해하고, 맥락을 자유자재로 변화시킬 수 있는 사람이 바로 창의적인 사람인 것이다. 틀에 박힌 맥락을 바꾸면 대상이 다르게 보일 수 있다. 이러한 맥락적 사고를 방해하는 것은 남들과 다른 생각을 한다는 사실이 불안하게 느껴지는 인간의 본능과 관련이 있다. 주체적 개인이 되는 것에 대한 불안감이 '맥락 바꿔보기'를 방해하는 요소라고 할 수 있다. 주체적 개인이 된다는 것은 언제나 어려운 일이다.

니체Nietzche는『차라투스트라는 이렇게 말했다Also sprach Zarathustra』에서 인간이 가장 경계해야 할 것으로 "푸줏간의 개와 같은 정관靜觀"을 꼽았다. 학습된 무기력으로 정관하는 것, 부조리에 순응하는 것이야말로 인간이 지양하고 경계해야 할 적敵이며 창의력을 저해하는 요소인 것이다. 주체적으로 개인의 주관에 따라 사물의 본질을 파악하고 맥락적으로 사고하려는 노력이 필요하다. 맥락적으로 사고하려는 노력은 사회에서는 흔히 반항으로 비칠 수도 있다. 하지만 긍정적인 반항, 의미 있는 반항으로 계속 주관을 믿고 나아간다면 언젠가 익숙해진 세계를 깨고 새로운 세계를 스스로 창조할 수 있게 된다. 헤르만 헤세Hermann Hesse의『데미안Demian』에서 새가 태어나기 위해 알이라는 세상을 깨야 했던 것처럼, 진부하고 당연한 것으로 받아들여지는 기존의 세계를 깨고 새로운 맥락의 세상을 보기 위해서는 주체적인 개인이 되어 반항하는 힘이 필요하다.

아라카와 슈사쿠荒川修作와 매들린 긴즈Madeline Gins 부부의 '생명 연장 아파트'를 통해 반항하는 힘이 어떻게 창조력으로 이어지는지를 검증해보자.

편안함을 거부하고 불편함을 즐기면서, 수납공간에서 청소에 이르기까지 모두 거주자의 아이디어로 살아야 하는 '생명 연장 아파트'는 일본 도쿄에 위치하고 있다. 부부가 함께 만든 이 아파트는 〈죽지 않기로 결심했다〉라는 프로젝트의 일환으로 세워진 것이다. 이 아파트를 세우면서 부부는 "평상시에는 쓰지 않던 모든 감각들을 사용하게 되고, 그 감각의 통합으로 인하여 모든 세포가 반응하기 때문에 생명이 400년까지 연장된다"고 주장했다. 아파트는 편안해야 한다는 틀에서 벗어나, 제한된 감각만 사용하고 지나친 편리함에 익숙해진 현대인의 문제를 파악했다는 점이 이들 부부가 맥락을 제대로 짚을 줄 아는 힘을 가진 사람들임을 짐작게 한다.

이처럼 정보와 정보의 맥락을 달리하여 새로운 콘셉트나 개념을 이끌어내는 힘이 창의성이며, 이는 본질을 제대로 볼 때 가능한 것이기에 창의력을 발휘하는 과정 자체는 본질을 제대로 보는 것이라고 할 수 있다.

'본다'는 것은 아주 중요한 의미를 지니고 있다. 창조와 창의성의 원천인 '재미'가 바로 이 보는 것에서 시작되기 때문이다. 앞서 말한 아방가르드의 예에서처럼 '듣거나 마시거나 먹거나 만지거나'가 아닌 본다는 의미가 섞인 '가르드garde, 감독·경계·감시'가 강조되는 것도 이 때문이다. 재미란 내가 선택하고 내가 변화의 주체가 될 때 느낄 수 있는 감정이다. 재미란 그 순간에 집중할 수 있게 하는 힘이고, 내 삶이 내 안에서 움직이고 있다고 느끼게 되는 감정이며, 삶이 알록달록해진다고 느끼게 해주는 즐거움이다.

'본다'는 것은 단순히 시각적인 인지 여부를 말하는 것이 아니다. 예컨대 영어의 'I see'라는 문장은 단순히 무언가를 시각적으로 인지한다는 의미를 넘어 무언가를 이해한다는 의미를 담고 있다. 우리말에서도 '보다'라는 말은 여러 용도로 활용된다. '아이를 돌보다', '손을 보다', '대소변을 보다', '시장을 보다', '간을 보다', '흉을 보다' 등 다양한 의미를 지닌 서술어로 활용되는 것이다.

게다가 다른 감각에 비해 시각이 더욱 중시되는 시대가 바로 오늘날의 21세기다. 이는 텔레비전이나 영화, 사진 등의 매체가 발달하면서 달라진 점 가운데 하나다. 말하자면 사람들은 이제 예전에 없던 새로운 눈을 갖게 된 것이며, 더욱 큰 재미를 얻게 된 셈이다. 이러한 영상 매체가 발달하면서 나타난 또 하나의 새로운 경향은 '편집'의 중요성이 날로 커지고 있다는 점이다.

예컨대 영화의 경우를 생각해보자. 초기의 영화는 특정 사건을 연대기 순으로 보여주는 방식으로 만들어졌다. 당연히 관객들은 쉽게 지루해했고 사건 자체가 아주 흥미롭지 않은 이상 영화는 새로운 즐거움을 주기가 어려웠다. 활동사진 이상의 즐거움을 주지 못했던 것이다. 이때 등장한 것이 새로운 편집의 기술이다.

에드윈 S. 포터Edwin S. Porter는 〈어느 소방수의 하루Life of an American Fireman〉라는 영화를 제작하면서 최초로 편집의 개념을 도입, 서로 다른 장소에서 동시에 이루어지는 사건들을 촬영한 후 이 장면들을 교차로 편집하여 보여줌으로써 소위 동시성을 확보하게 되었다. 영화의 장면scene을 최초로 만들어내기도 한 포터는 최초의 흥행 감독이자 영화 편집의 기틀을 세운 인물로 평가되고 있다.

영화 편집의 기술을 논할 때 빠지지 않고 등장하는 기법이 소위 몽타주montage 기법인데, 이는 프랑스어로 '조립하다'라는 의미의 말에서 비롯되었다. 연결이 되지 않는 장면을 연결해서 '신선도'를 높여주는 기법이다. 앞에서 얘기한, 정보와 정보의 결합 방식 가운데 하나가 몽타주 기법인 셈이고, 이를 통해 감상자의 느낌이 달라진다. 그리고 여기서 재미가 생겨난다. 이처럼 다양한 편집의 기술은 영화의 역사를 발전시켜온 원동력이자 영화인들이 창의성을 발현하는 분야로 기능했다. 다른 창의적인 아이디어들 역시 그 생성과 발전 과정은 영화의 편집 기술과 다를 것이 없다. 새로운 맥락을 볼 수 있는 자, 그 과정에서 재미를 찾아낼 수 있는 자가 창의적인 사람이다.

프랭크 게리, 도시를 바꾸는 상상력

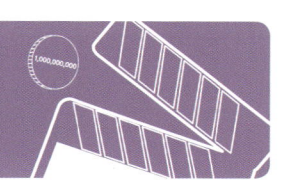

　스페인에서 유학을 하고 있는 사촌에게서 어느 날 엽서가 도착했다. "대학교 때 뉴욕의 구겐하임 미술관에 다녀와서, 스페인 빌바오의 구겐하임 미술관에도 가는 꿈을 줄곧 꿔왔는데 드디어 이루어졌어. 꿈을 꾸면 이루어지는 세상이라니 너무 행복하지 않니? 너도 많은 꿈을 꾸렴!"이라고 적혀 있었다. 사촌의 편지를 받고 필자는 스페인 빌바오에 있는 구겐하임 미술관을 찾아보게 되었고, 이런 건물이 실재한다는 사실에 깜짝 놀랐다. 이 건물이 세워지면서 광산 도시 빌바오는 건축 도시로 탈바꿈할 수 있었다. 그때부터 건축의 매력에 흠뻑 빠진 것은 당연했다. 건축이 지닌 힘은 어떤 것이기에 우리에게 이런 경이를 선사하는 것일까?

　"차고는 건물이고 대성당은 하나의 건축이다. 사람이 들어가는 데 충분한

프랑스 파리, 노트르담 대성당

이탈리아 밀라노, 두오모 대성당

넓이를 갖춘 것은 모두 건물이지만, 건축이라는 말은 미적 감동을 목표로 설계된 건물에만 해당된다."

건축역사학자인 페프스너Nikolaus Pevsner의 말이다. 여기에 필자는 건축은 예술성을 지니고 있고, 항상 사회문화적인 존재여야 한다는 생각을 덧붙이고자 한다. 그렇다면 사회문화적 건축이란 어떤 것일까? 12, 13세기 고딕 양식을 예로 들어 설명해보자.

중세와 같이 신이 전부였던 시기에는, 신을 칭송하고 찬양하기 위해 하늘을 향해 치솟아 있는 건물들이 주를 이루었다. 이처럼 건축물이란 시기를 반영하고 시대상을 재현하는 예술 작품인 것이다.

반면, 르 코르뷔지에Le Corbusier로 대표되는 모더니즘 건축은 기계 문명과 도회적인 감각을 중시하여 현대풍을 추구한다. 장식을 최소화하면서 실용성을 가장 중시했던 모더니즘 시기에 모더니즘 건축은 자기 시대의 정신을 그대로 대변하고 있다. 비록 르 코르뷔지에 자신의 나라에서는 환영받지 못했지만, 우리나라에서는 보편적인 주거 형태로 자리 잡은 아파트를 보라. 도회적인 주거 형태의 대표주자라 볼 수 있다.

포스트모더니즘 시대에 이르자 모더니즘 시대의 가치들이 붕괴되고 형식

게리 하우스

비트라 디자인 뮤지엄

1 프레데릭 R. 와이즈만(Frederick Weisman) 아트 뮤지엄
2 비트라 국제 본사
3 체코 댄싱하우스
4 음악 박물관
5 피셔(Fisher) 공연예술센터
6 월트디즈니 콘서트홀

이나 양식의 경계가 사라지게 되었다. 이때 미국에서 프랭크 게리Frank Gehry라는 건축가가 등장한다. 그리스로마 신전에서부터 시작된 유럽의 건축 양식에서 완전히 벗어난, 주위 환경과 어울리는 건축물을 만들고자 했던 프랭크 게리는 포스트모더니즘 시대의 사상을 건축 속에 표현하며 그 스스로가 새로운 가치를 제시했다. 그는 건축을 순수 예술로 간주하고, 자신의 상상력을 건축물에 그대로 표현했다.

프랭크 게리가 자신의 로스앤젤레스 주택을 개조해 만든 게리 하우스Gehry House가 세상에 알려졌을 때, 게리는 기존 건축계로부터 쓰레기 취급을 받았다. 폭격으로 부서진 것처럼 보이는 집에 철망이 덕지덕지 붙어 있는 모습이었으니 이해할 만하다. 하지만 게리 하우스가 값싼 함석판과 목재 프레임을 이용해 보여준 긴장과 부조화, 불균형과 파격은 건축 재료의 무한한 가능성에 대한 탐색이었다. 게리는 게리 하우스를 통해 포스트모더니즘적인 미의 기준을 새롭게 제시한 것이다.

스위스의 가구 회사 비트라가 불에 탔을 때, 재건축을 위하여 지은 비트라 디자인 뮤지엄Vitra Design Museum은 비트라 공장의 상징이 되었다. 곡선의 부드러움 속에서도 직선이 어우러지고, 마치 한 덩어리처럼 보이는 이 건축물에는 다양한 표정이 엿보이는 듯하다.

프랭크 게리는 건축물에 표정을 주고, 홀로 빛나기보다는 주위 환경과 조화를 이루는 건축물을 만드는 데 초점을 맞췄다. 프랭크 게리는 건축으로 세상을 바꿀 수 있게 되었다. 처음에는 자신의 집을 개조하는 것에서 시작했지만 점차 도시의 아이콘으로 자리 잡을 만큼 커다란 영향력을 갖게 되었다.

프랭크 게리의 건축은 도시의 상징이 되고 도시의 얼굴이 되었다. 그의 손을 거치면 재미있고 감동적인 건축물이 탄생했다. 많은 사람들이 그의 건축물을 보러 도시를 찾는다. 과거의 추억부터 도시의 상징까지 모든 소재를 자신만의 창조력을 발휘해 새롭게 탄생시키는 힘. 이 힘이 바로 그가 오늘날 최고의 건축가로 남은 힘이고 사람들에게 사랑받게 된 이유일 것이다. 환경에 대한 철저한 분석과 자기만의 재미와 개성을 부여할 줄 아는 프랭크 게리에게서 창의력이란 무엇인가를 다시 한 번 배울 수 있을 것이다.

빌바오 구겐하임 미술관

낯설게 하기

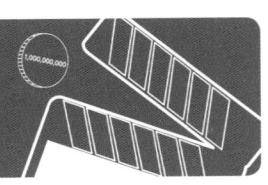

　영화의 창의성을 보여주는 대표적인 기법에 몽타주를 비롯한 여러 형식의 편집이 있다면, 문학의 창의성을 보여주는 대표적인 기법 가운데에는 '낯설게 하기'라는 것이 있다. 너무나 익숙해서 있는 줄도 모르는 것을 새롭게 느끼도록 만드는 방법이다.

　창조성을 강조하는 예술의 목적 가운데 하나는 자동화되어 낡아버린 일상적 사물을 낯설게 하여 제 본래의 모습으로 회복시켜주는 데 있다. 그리하여 예술은, 거기에 깃든 창의력은, 사람들로 하여금 생의 감각을 되찾게 해준다. 하지만 낯설게 하기 역시 전혀 뜬금없이, 생뚱맞게 시작되는 것이 아니라, 대상이 어떤 맥락에 있는가를 파악하는 맥락적 사고를 통해 가능한 것이다.

　낯설게 하기는 우선 형식을 난해하게 하고 지각에 소요되는 시간을 연장시킴으로써 표현의 대상이 예술적임을 의식적으로 경험하게 하는 양식이다. 수용자의 지평을 무너뜨려 새로운 양식에 대한 새로운 태도를 유도하는 것이다. 천재 시인 이상의「오감도」가 대표적인 예가 될 수 있다.

　　오감도
　　시제1호

　　13인의아해(兒孩)가도로로질주하오.

(길은막다른골목이적당하오.)

제1의아해가무섭다고그리오.
제2의아해도무섭다고그리오.
제3의아해도무섭다고그리오.
제4의아해도무섭다고그리오.
제5의아해도무섭다고그리오.
제6의아해도무섭다고그리오.
제7의아해도무섭다고그리오.
제8의아해도무섭다고그리오.
제9의아해도무섭다고그리오.
제10의아해도무섭다고그리오.

제11의아해도무섭다고그리오.
제12의아해도무섭다고그리오.
제13의아해도무섭다고그리오.
13인의아해는무서운아해와무서워하는아해와그렇게뿐이모였소.
(다른사정은없는것이차라리나았소.)

그중에1인의아해가무서운아해라도좋소.
그중에2인의아해가무서운아해라도좋소.
그중에2인의아해가무서워하는아해라도좋소.

그중에1인의아해가무서워하는아해라도좋소.

　　(길은뚫린골목이라도적당하오.)
　　13인의아해가도로로질주하지아니하여도좋소.

　이 시에서는 띄어쓰기도, 문법적 규칙도 전혀 지켜지지 않았다. 연과 행의 구분이 모호하고, 비슷한 내용이 끊임없이 반복되며 이어진다. 이처럼 내용과 형식이 모두 규범에서 벗어나고 난해하니 당연히 해석이 분분할 수밖에 없다. 그렇다고 감상자 입장에서 손을 놓고 있을 수만도 없다. 누구든 시인이 말하고자 하는 바가 무엇인지를 골똘히 생각하게 되는 것이다. 물론 그 결과는 사람마다 모두 다를 수 있고, 거기에 이상 시의 장점과 새로움이 있다고 이해할 수 있다.

　그렇다면 필자가 이해한 내용은 무엇인가? 필자의 경우 '아해'는 기성세대가 아닌 젊은 세대를 말하는 것이고, 도로나 골목은 기성세대가 만들어놓은 기성의 틀이자 형식이라고 이해한다. 그런 도로 위에서의 질주란 새로운 시작을 위한 저항의 몸짓이자 자유의지의 표현과도 같다. 엎어지거나 돌부리에 걸려 정강이가 깨지더라도 새로움을 찾아 앞으로 나아가려는 신세대의 맹목적 의지. 이것이 「오감도」의 핵심 가운데 하나라고 생각하는 것이다. 필자가 이 시를 인용한 또 다른 이유는, 이런 새로운 의지가 바로 우리들의 화두인 창의력의 시발점이라고 믿기 때문이다. 어린 아이의 순수한 마음으로, 정해지지 않은 길에 도전하고 탐구하는 자세로 들판을 달리는 것, 거기서 창의성은 태어나고 자란다.

클래스 올덴버그의 조각 작품들

　스웨덴 출신의 조각가인 클래스 올덴버그Claes Oldenburg는 '낯설게 하기'의 대가 중 한 사람이다. 사람들이 일상적으로 너무나 편하게 받아들였던 사물들, 예컨대 가위, 펜치, 배드민턴, 성냥 따위를 거대하게 부풀려 그 역할과 존재를 새롭게 느끼게 해준 예술가다. 하지만 클래스 올덴버그의 이런 조형물은 장난이나 재미로 시작된 것이 아니다. 현재를 누구보다 치열한 시선으로 바라본 뒤, 그동안 사람들이 전혀 느끼지 못했던 사물들의 본질을 드러내고자 낯설게 하기의 미학으로 현실의 문제를 뒤틀어 표현한 것이다. 이러한 작품들을 통해 그는 사물이 지닌 상대적으로 무가치한 속성을 나타내고, 그 속에서 해학과 대중문화 제품에 대한 의문을 제시한다. 매일 아침 입으로 가져가던 숟가락이 거대한 형체의 조형물이 되어 사람들에게 신선한 충격을 주는 것이다.

가치와 재미에 치중하라

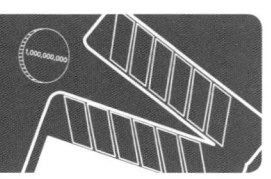

　마케팅에 있어 창조적인 아이디어란 단순히 아이디어나 생각의 참신성만으로 시작되거나 끝나는 것이 아니다. 일보 진전된 새로운 가치와 변화를 만들어내야 한다. 비즈니스 목적을 갖고 있기에 생각만 머물러서는 아무 소용이 없고 새로운 가치를 만들어 소비자의 지갑을 열게 하고 돈을 만들어내야 의미가 생긴다. 답답했던 전화 연결음 대신 음악을 들려주는 컬러링 서비스부터, 서울에서 부산까지 두 시간 내로 가게 해주는 기술 혁신에 이르기까지, 창의력은 기존의 불편함을 해소해주거나 새로운 가치를 제공해야 한다. 광고 역시 단순히 '특이하고 새로운 것'에 머물 수는 없다. 소비자들에게 '기존에 없던 새롭고 유의미한 가치를 제공'하거나, '과거의 불편함을 해소해주는 역할'을 해야 한다.

　마케터들이나 광고 담당자들은 자신들이 담당하는 상품의 카테고리에 대해 주기적으로 소비자 조사를 실시하는 것이 보통이다. 이를 통해 소비자들이 상품을 구입할 때 중요하게 생각하는 요소가 무엇인지, 현재 자사 브랜드의 인지도가 좋아지거나 나빠지고 있는지를 파악하게 된다. 이렇게 함으로써 마케터들은 자사 브랜드의 강점을 강화하고 약점을 보완할 수 있는 새로운 브랜드 전략과 콘셉트를 찾아내게 되며, 파악된 문제와 새로운 정보들을 연결하여 새로운 가치를 소비자에게 제시하게 된다.

　이때 새로운 가치, 소비자의 욕구에 대한 해결 방안이 기존의 고리타분한 이야기라거나, 너무나 구태의연한 해결 방식이라면 소비자의 구매 욕구는 일어나지 않게 된다. 무언가 '재미'있는 것, 정말로 내 생활에 새로운 활력소를 불어넣어 줄 듯한 것, 내 불편함을 해결해줄 듯한 무언가로 어필했을 때에만 소비자들은 구매 의사를 보이게 되는 것이다.

최근 다양한 매체의 발달로 인해 상품에 대한 객관적인 정보가 많아짐에 따라 소비자는 과거보다 훨씬 더 현명해지고 있다. 단순히 광고나 제품 사양으로 제품을 평가하기보다 블로거의 리뷰, 동호인들의 반응을 통해 합리적인 소비를 하려고 노력한다. 그러나 앞에서도 강조한 것처럼 인간은 100% 합리적으로 행동하는 동물이 아니기 때문에 그 제품 자체가 주는 '이미지'에 영향 받을 수밖에 없다. 소비자들은 객관적인 판단을 하려고 노력하지만, 개인적인 선입견이나 집단적인 애호에 강한 애착을 가지고 있다. 애플의 아이폰4가 설령 수많은 악평을 받는다고 할지라도, 이미 애플이라는 기업의 이미지나 스티브 잡스가 제시하는 엄청난 부가가치에 매료된 소비자는 다시금 현혹되고 또 믿게 되는 것이다.

브랜드는 각각의 브랜드로 존재하는 것이 아니라 소비자의 감성, 취향, 기분, 개성 등의 근간을 통해 통합적인 평가를 받아 소비자의 마음속에 포지셔닝된다. 이런 포지셔닝을 긍정적이고 독특하며 강하게 하기 위해서는 '현명한' 포지셔닝이 필요하다. 철저한 관찰을 통해 타깃이 된 소비자들의 마음속에 '독특한 포지셔닝 지점'을 찍어야 하는 것이다. 이러한 감성적 전략을 위해 필요한 힘이 바로 창의력이라고 할 수 있다. 감성적 전략의 성공 방법은 앞에서 반복한 것과 같이 '즐거움'과 '재미'를 누리게 해주는 것이다.

감성이라는 것은 '자극 또는 자극의 변화에 대하여 감각이 일어나게 하는

1 색감만으로도 감각이 전이되는 고양이 / **2** 터치스크린 키보드 / **3** 문자가 오면 일어나는 핸드폰

능력'이다. '소비'라는 경험을 통하여 고객에게 감동과 재미라는 감각을 일어나게 하는 것이 바로 감성 마케팅이며, 창의력이 해내는 일이 바로 이것이다.

　오감은 서로가 상승작용을 일으키며 소비자들의 감성을 더욱 자극하고 즐겁게 만든다. 소비자들은 브랜드에서 향기를 느끼고 색깔을 보며 맛을 보게 된다. 창의적인 아이디어는 브랜드를 색다른 맛으로 요리하며, 브랜드에 감각을 부여한다. 소비자는 단순히 제품의 특징이나 제품이 주는 이익만으로 구매 행동에 나서는 것이 아니다. 제품에 담긴 이야기나 이미지가 자신의 감성을 자극할 때 더 쉽게 구매 반응을 일으키게 된다. 소비자는 이성적인 가격 전략이나 제품이 지닌 유형의 상품 가치보다 무형의 이미지가 전달하는 경험이나 가치에 무의식적으로 더 강하게 반응한다는 의미다.

　안드레아스 부흐홀츠Andreas Buchholz와 볼프람 뵈르데만Wolfram Wordemann은 그들의 저서『다섯 가지 성장코드What Makes Winning Brands Different』에서 다섯 번째 성

4 진부해진 맥도날드 외관에 싫증을 느낀 고객들을 위한 맥도날드 레스토랑
5 6 종이 책이 주는 식상함을 뒤엎는 새로운 형식의 책

장코드로 감정과 사랑에 기초한 성장코드를 설명하면서, 감성 마케팅을 촉진할 수 있는 방법으로 단순한 호감을 넘어 제품을 사랑하는 마음을 유발할 수 있도록 감성을 자극해야 한다고 말한다. 마음을 움직이는 힘, 소비자가 사랑할 만한 새로운 가치를 창출하는 힘이 마케팅과 광고에서 창의력의 역할이라고 할 수 있다. 그리고 그런 창의력은 소비자를 진지하게 관찰하고, 세상을 앞서 내다보고 새로운 트렌드를 제시할 수 있는 맥락적 사고에서 시작된다.

입가에 미소를 띠게 하고 행복한 기분이 들게 하는 유기농 아동복 브랜드의 광고

5
브랜드는 아이디어를 먹고산다

브랜드 콘셉트 잡기

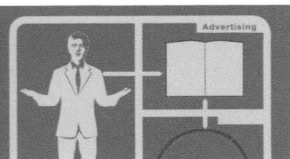

아이디어맨으로 거듭나기 위해 생활 속의 모든 것들을 주의 깊게 관찰하고, 인문학을 공부하고, 관심을 갖고 다양한 요소들을 결합하다 보면 제품을 깊게 보는 능력도 자연스럽게 길러진다. 제품을 깊게 본다는 것은 그 제품을 사용하는 소비자의 속마음을 꿰뚫는 통찰력을 키운다는 의미다. 몇 가지 사례를 살펴보자.

새로운 샴푸 광고를 만든다고 해보자. 이미 사람들의 머릿속에 각인되어 있는 샴푸 브랜드인 '엘라스틴'이나 '비달사순'을 따라잡기 위해서는 그들과 비슷하게 윤이 나는 머릿결을 강조하거나 톱모델을 내세운 감각적인 광고 형태로는 승산이 없다. 소비자에게 새로운 통찰의 기회를 제공해야 한다.

CJ의 샴푸·비누 브랜드인 '라이스데이Rice Day'의 〈인조이 유어 라이스데이〉광고 캠페인이 있다. 남자들이라면 누구나 한 번쯤 곁을 스쳐 지나가는 여자의 머리카락에서 은은히 풍기는 샴푸 향기에 고개가 절로 돌아갔던 경험이 있을 것이다. 필자는 라이스데이의 샴푸가 사람의 마음을 붙잡는다는 것을 표현하기 위해 샴푸와 머릿결을 직접 관련시키기보다 '로맨스의 시작'이란 상황을 적용했다. 직장의 여자 선배에게서 풍기는 향기에 남자 후배의 마음이 설렌다는 설정을 "선배는 화장 안 한 얼굴이 더 보기 좋아요"라는 카피로 표현해서 좋은 반응을 얻었다.

빙그레의 '메타콘' 광고도 통찰력을 활용한 광고다. 메타콘은 두 가지 맛의 아이스크림이 회오리바람처럼 휘감겨 있거니와, '허리케인'이라는 이름도 사용하고 있는 점을 감안, 밸리 댄스를 추는 여자 무용수의 허리 움직임과 연관시켰다. 메타콘 브랜드의 인지도가 널리 알려지게 된 광고였다.

바비 인형을 만든 마텔Mattel은 '워너비wannabe'라는 콘셉트의 광고를 통해 전 세계의 모든 아이들이 "우리는 무엇이든 될 수 있어"라는 꿈을 키워나간다는 사실을 자사의 제품에 빗대어 표현했다. 바비 인형을 가지고 노는 아이들의 무한한 가능성을 포착한 통찰력의 결과다.

사실 광고는 과장이다. 하지만 거짓말은 아니다. 사실을 왜곡한다기보다 '잘 표현된 진실 Truth well told'이다. 따라서 광고 캠페인의 중심이 되는 브랜드 콘셉트는 다른 브랜드와의 차별성을 확보하면서 타깃 고객들의 속내를 정확히 읽어내야 한다. 브랜드 콘셉트를 잡는 능력이야말로 모든 광고인들의 역량을 가늠하는 척도이며, 선결 과제이기도 하다. 콘셉트야말로 낯선 길을 가는 나그네의 나침반이나 건물의 설계도면처럼 마케팅 전 과정의 중심축이기 때문이다.

브랜드 콘셉트를 잡는 방법을 소개하기 전에 몇몇 브랜드 콘셉트의 탄생 배경을 살펴보자. 필자가 참여했던 프로젝트 가운데서 업계나 광고주들로부터 호평을 받았던 성공적인 사례들과 관점을 바꾸고 역발상을 활용해서 소비자들의 사랑을 받는 외국의 브랜드 사례들이다.

찌꺼기 없는 휘발유
– 엔크린

    1995년 유공(現 SK)은 LG칼텍스(現 GS칼텍스)의 고순도高純度 휘발유 '테크론'의 광고 공세에 맞대응하기 위해 새로운 광고를 준비하고 있었다. 유공이 선택한 광고대행사는 필자가 속한 제일기획이었고, 우리는 일주일 안에 프레젠테이션을 준비해야 했다. 유공의 '엔크린' 역시 고순도 휘발유임을 잘 표현하되 엔진 세척이라는 강력한 콘셉트를 선점한 '테크론'을 뛰어넘을 만한 새로운 콘셉트가 필요했다.

    우리는 호텔 방을 잡고 2박 3일 동안 밤낮으로 고민했다. 엔진이란 차의 핵

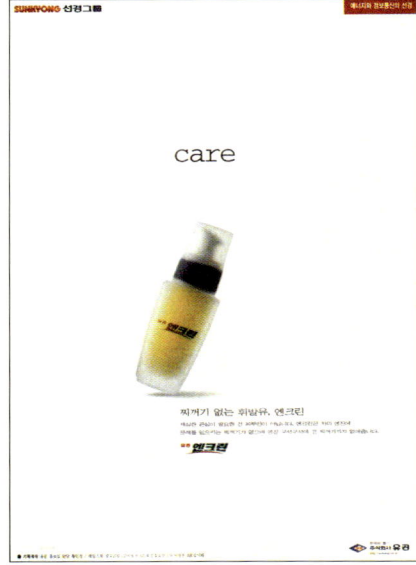

심 부품, 그런데 이 엔진을 세척해준다는 콘셉트를 어떻게 해야 넘어설 수 있을까?

우리는 이중 작전을 펼치기로 했다. 우선 테크론의 광고는 엔진 세척이라는 점이 선명한 인상을 주지만 지나치게 기능 중심의 카피였기에 휘발유 제품과는 다소 관련성이 떨어진다고 판단했다. 우리는 고순도를 쉽게 공감할 수 있도록 '찌꺼기 없는 휘발유'라는 콘셉트를 잡았다. 그리고 이 콘셉트와 휘발유에 대한 관여도를 최대로 끌어올리기 위해 '내 차' 캠페인을 펼치기로 했다. 맥주와 맑은 물 사이의 관여도를 이용해 맥주를 한 잔의 작품으로 승화하여 단숨에 시장을 뒤집은 하이트맥주와 같은 전략이었다. 이렇게 된다면 엔진 세척이란 콘셉트로 고순도라는 카테고리를 만든 테크론을 오히려 역이용할 수도 있지 않을까?

만 2년간 치열하게 펼쳐진 엔진 세척 휘발유 테크론과 찌꺼기 없는 휘발유 엔크린의 '새 차, 헌 차, 내 차' 캠페인의 싸움은 결국 엔크린의 완승으로 끝이 났다.

긴 인생 아름답도록
- 삼성생명

　90조 자산, 1,000만 고객, 23조의 수입. 생명보험 회사 브랜드 최초 상기 75%, 보조인지 100%. 이런 화려한 꼬리표를 달고 다니는 삼성생명은 명실상부한 대한민국 최고의 보험 회사다. 당연히 광고도 최고 회사로서의 품격과 인지도를 가져야 했다.

　"우리 광고는 한 편 한 편은 다 좋았지만 하나로 이어지는 느낌은 부족했다. 전체적으로 캠페인의 느낌이 나도록 연속되는 힘을 발휘해야 한다."

　회사의 경영진은 사정을 제대로 꿰뚫어보고 있었다.

　2004년부터 교보생명은 〈마음에 힘이 되는 시 하나 노래 하나〉 캠페인을 줄기차게 집행해왔다. 그 결과 실제 업계 시장 점유율 3위인 교보생명은 고객의 인식 속에서 삼성생명 다음가는 2위 생명보험 회사로 각인되었고, 지속적인 광고 캠페인 덕에 소비자들의 브랜드 인지도는 꾸준히 상승하고 있었다.

　이에 비해 삼성생명은 6개월간 광고를 내보내지 않고 있었다. 그래서 광고 인지도는 하락 중이었고 광고비 비율도 생명보험사 빅3(삼성, 교보, 대한) 중에서 유일하게 3년째 하락하는 추세였다. 우리는 광고 인지도 하락은 브랜드 인지도 하락으로 이어지고, 결국 시장 점유율에도 영향을 미치게 될 것이란 점을 들어 지속적인 광고 집행이 필요하다고 광고주를 설득했다. 그 결과 확고한 1위 지키기를 위한 광고비를 확보하고 '브라보 유어 라이프' 캠페인을 업그레이드한 새로운 광고 캠페인을 야심차게 준비하기에 이르렀다.

사람들 속으로 들어가 귀를 기울이라!

2002년 공중파 TV 광고 집행을 시작한 이래, 삼성생명은 1위 보험 회사를 넘어 대한민국을 대표하는 금융 기업으로서, 국민에게 친근하고 사랑받는 기업 이미지를 구축하고자 노력해왔다. 무엇보다도 생명보험은 상품의 특성상 고객의 인생 전반에 걸쳐 영향을 미치고, 고객과 한 번 관계를 맺으면 평생 동안 함께하게 된다. 생명보험 회사의 기업 이미지 구축 노력이 태생적으로 중요할 수밖에 없는 이유다.

하지만 삼성전자와 더불어 삼성그룹의 양대 산맥으로서 삼성생명은 돈 많은 거대 기업, 얄미운 우등생 이미지가 크게 자리 잡고 있었다. 삼성생명의 숙제는 금융 기업이 갖는 차가운 이미지에서 벗어나 국민 모두에게 가까이 다가갈 수 있는 친근하고 따뜻한 기업 이미지를 갖는 것이었다. 무엇보다도 생명보험 회사로서 곁에서 힘이 되고, 이 사회에 꼭 필요한 존재로서의 이미지 변신이 필요했다.

거대 기업이 자신의 이야기를 앞세우기보다 고객 속으로 들어가 그들의 목소리에 귀를 기울인다면? 한없이 스스로를 낮추려는 시도 끝에 탄생한 것이 '고객의 인생을 응원하겠다'는 의미의 '브라보 유어 라이프' 캠페인이었다.

생명보험이 고객의 인생을 돌본다는 점에서 착안한 삼성생명의 〈브라보 유어 라이프〉 캠페인은, 항상 곁에서 힘이 되고 도움을 주는 가족의 이미지를 차용했다. 광고 메시지 또한 인생의 의미에 관한 통찰을 전함으로써 고객의 공감을 얻어내고자 했다. 따라서 각각의 캠페인마다 사실성을 살리기 위해 노력했다. 이것이 타사와 삼성생명 광고를 차별화하는 전략 포인트였다. 교보생명이 톱모델을 기용해 강렬한 효과를 노릴 때, 우리는 지속적으로 일

〈브라보 유어 라이프〉 – 아버지 편과 어머니 편

반인을 내세워 조용하지만 공감이 가는 광고를 풀어내는 데 집중했다.

2004년에 집행되어 좋은 반응을 얻었던 '브라보 유어 라이프 – 아버지·어머니 편'은 사실성이 돋보였다는 평가를 받으며 소비자들의 공감을 얻어내는 데 성공했다. 하지만 삼성생명의 구체적인 업무 내용이나 상품의 성격과 관련을 맺기에는 다소 미흡했다는 내부 평가가 있었다. 그래서 2005년 캠페인부터는 소비자의 공감을 얻으면서 좀 더 업무나 상품과의 관련성을 맺는 데 중점을 두었다. 즉 기존에 가지고 있던 좋은 요소(가족, 일반인을 통한 공감대 형성)는 유지하면서 생명보험의 개념과 좀 더 가까워지려는 시도를 한 것이다.

숙명적인 'LIFE'에 대한 고민, 그리고 재해석

사명에서도 알 수 있듯이 삼성생명은 'Life Insurance Company'다. 라이프Life, 즉 인생에 대한 고민이 생명보험 회사의 출발점일 수밖에 없는 것이다. 인생과 보험의 관계, 그리고 인생에서 보험의 역할은 과연 무엇인가? 이런 고민에서 삼성생명 기업 PR 광고인 〈브라보 유어 라이프〉 캠페인이 시작되었다.

우리는 이제까지 '인생은 짧다'라고 느끼며 살아왔다. 그러나 우리 사회는 급속도로 고령화가 진행 중이다. 자식을 다 키우고 나서야 자신의 삶을 다시 돌아보게 되는 우리의 아버지·어머니, 앞으로 헤쳐가야 할 날들이 무한하게 펼쳐진 우리의 아들·딸, 이제는 자식 때문만이 아니라 자신을 위해서도 투자할 줄 아는 우리의 남편·아내 앞에 펼쳐질 인생은 훨씬 많이 남아 있다.

그렇다면 보험은 어떠한가? 예전의 보험은 죽어서 타는 보험, 또는 재해보험의 성격이 강했다. 머지않아 다가올 죽음을 미리 대비하기 위해 가입하는 상품이었다. 그러나 CI보험Critical Illness Insurance, 유니버설보험 등과 같은 현재의 보험은 살아 있는 동안 오래오래 행복하기 위해 드는 경향이 강하다. 과거에 비해 훨씬 길어진 인생을 준비하기 위한 보험인 것이다.

삼성생명의 새로운 광고 캠페인은 '인생은 짧다'라는 고정관념을 '인생은 길다'라고 재해석하여 사람들에게 인생에 대한 새로운 화두를 던져주고, 자신의 인생을, 우리 부모의 인생을, 우리 자식의 인생을 돌아보게 만든다. 그리고 긴 인생을 함께하는 후원자로서의 삼성생명을 부각시킨다. 고객의 마음과 회사 업무의 정체성을 동시에 확보하면서, 고객의 긴 인생이 아름답고 의미 있도록 삼성생명이 그 지원을 아끼지 않겠다는 의지까지 담아낸 결과물이 〈인생은 길기에〉 캠페인이다.

특히 이 캠페인은 가족 구성원별로 총 여섯 편으로 이루어져 '인생은 길다'라는 의미를 심도 있게 풀어내면서 전 연령층의 공감을 이끌어냈다.

두 마리 토끼를 찾아 나서다

가족 구성원별로 인생이 길다는 것을 공감하게 하기 위한 소재는 과연 무엇일까? 누구나 쉽게 겪지만 아무나 쉽게 발견하지 못했던 상황을 찾는 것이 이 캠페인의 성공 여부를 가르는 관건이었다. 또한 자신이 느끼는 인생이 아닌 가족 구성원의 입장에서 포착한 인생을 표현함으로써 늘 곁에서 함께하는 가족의 이미지를 계속해서 유지하고자 했다. 아버지가 바라본 딸의 인생, 아내가 바라본 남편의 인생, 아들이 바라본 어머니의 인생……. 우리는 어떨 때 가족의 인생을 다시 보게 되는가?

브래지어를 처음 착용하게 되면서 평소와 달리 아빠 앞에서 몸가짐이 조심스러워진 딸의 어색함과 수줍은 미소. 이 모습을 보면서 대한민국 아빠들은 딸의 인생을 새삼 생각해보게 된다. '〈인생은 길기에〉-딸 편'은 곧잘 품에 안기던 딸아이가 이제 여자가 되고 사랑을 하고 엄마가 될 것이라는 것을 인식하게 되는 아빠의 마음을 표현해, 딸 가진 대한민국 아빠들의 공감을 얻었다. 누구나 한 번쯤 경험했지만 누구 하나 의식하지 못했던(적어도 광고에서는 한 번도 표현된 적이 없는) 순간을 잘 묘사함으로써 공감은 물론 신선함까지도 선사하고 있다는 평을 들었다.

〈인생은 길기에〉 - 딸 편

〈인생은 길기에〉 - 남편 편

　　일요일 오후 TV를 보다가 무심히 손에 잡힌 뱃살을 의식하며 유난히 신경을 쓰는 남편. '〈인생은 길기에〉-남편 편'은 아내의 입장에서 그동안 아이들 과외비며 치아 교정비를 마련하느라 어느새 아저씨가 되어버린 남편이 자기 자신에 대해서도 신경을 쓰기 시작하는 순간을 보여준다. 비록 안쓰럽기는 하지만 앞으로 남편이 꾸려나갈 인생을 예고하며 가슴 따뜻하게 다가오는 장면이다. 누구나 흔히 겪는 일이지만, 광고로서 결코 아름답다고는 할 수 없는 두둑한 뱃살이 등장해서 '어쩜 저런 모습을 담아냈을까'라는 의외성과 '어머 어머~ 바로 내 얘기야'라는 공감대를 동시에 얻었다.

　　어머니는 또 어떤가? 예전이라면 인생 다 살았다고 생각했을 예순도 훌쩍 넘은 어머니가 거울 앞에서 정성스럽게 립스틱을 바르고 있다. 평생 화장 한 번 제대로 못하고 사신 탓에 립스틱 바르는 모습이 능숙하진 않지만 어느새 곱게 칠해진 입술을 보며 흐뭇해하시는 어머니를 아들의 시선으로 담아냈다. 이제껏 남편과 자식들을 보살피기 바빴던 어머니가 며느리와 손자까지 보고

〈인생은 길기에〉 - 어머니 편

나서 멋을 부리기 시작하는 모습이 사실적으로 표현되어 있다. 특히 어머니 편의 경우에는 공감은 물론이고 희생만 하고 사신 어머니가 이제는 제2의 인생을 즐길 수 있도록 해드려야겠다는 뭉클함까지 전달하며 중년층의 폭넓은 지지를 받았다.

세 편에 걸쳐 표현된 딸, 남편, 어머니의 이야기는 실제 사람들의 인터뷰 및 사례 가운데서 가장 공감을 얻을 만한 것들을 대상으로 수차례 논의한 끝에 탄생했다. 이들의 평범한 모습은 공감대를 불러일으키는 동시에 이들의 남은 인생에 든든한 동반자가 필요함 역시 깨우쳐준다. 이때 고객의 긴 인생이 아름답도록 곁에서 응원과 지원을 아끼지 않겠다는 삼성생명의 철학이 녹아나면서 삼성생명은 '인생의 후원자'라는 기업 이미지를 획득하는 데 성공한다. 우리가 애초에 의도했던 가족 같은 친근한 이미지와 삼성생명의 사업 성격이 광고 속에서 조화되는 순간이었다.

고객들은 이런 삼성생명의 캠페인을 통해 희망을 읽었다. 인생은 길다는 걸 깨닫는 순간, 우리의 삶은 희망으로 가득 차있고 절망에도 다시 일어설 수 있는 힘이 생겨나기 때문이다. 덕분에 삼성생명의 새로운 캠페인〈인생은 길기에〉시리즈는 방송된 지 2주 만에 소비자들로부터 좋은 반응을 얻었고 광고 포털사이트의 베스트 CF에도 랭크되었다.

잘 나갑니다
– 에쓰오일

2005년, 제일기획의 새로운 광고주로 누가 좋을까를 고민하다가 찾아낸 곳이 에쓰오일이었다. 당시 에쓰오일은 '카 러브 에쓰오일(Car♥S-Oil)'이라는 콘셉트와 그 콘셉트를 시각적으로 표현한 광고를 집행하고 있었다. 타 정유업체와 차별화되어 훌륭했지만, 우리 눈에 에쓰오일의 광고 자체는 하위 브랜드가 하는 화법이나 전략으로서는 너무 태평스러워 보였다. 그래서 우리는 그해 4월 여의도 에쓰오일로 찾아갔다. 그러나 에쓰오일의 반응은 차가웠다.

두세 차례 찾아갔지만 그들은 '오려면 오고 말려면 마세요'라는 식이었다. 당시 에쓰오일은 모 광고대행사와 함께하면서 "'카 러브 에쓰오일' 광고를 지속하겠다, 기존 대행사에 특별한 불만도 없다"는 태도를 보였다. 그러다가 마침내 프레젠테이션의 기회가 주어졌다. 제일기획 외에도 세 개 회사가 더 참여하는 경쟁 PT였다.

광고주가 내준 숙제는 다음과 같았다. '좋은 품질에 대해 말하되, 이를 다방면으로 알릴 방법도 찾을 것.'

현실은 그리 녹록지 않았다. 2005년 제일기획이 실시한 전국 소비자 조사에 따르면, 휘발유 품질에 차이가 있다고 생각하는 사람은 전체의 19.4%에 불과했다. 게다가 에쓰오일에 대해서는 SK엔크린이나 GS칼텍스에 비해 상대적으로 품질이 떨어진다고 생각하고 있었다. 우리는 고민했다. 좋은 품질을 증명해줄 분명한 근거를 댈 것이냐, 무조건적으로 전염시키는 방법을 택할 것이냐. 하지만 3등은 해볼 수 있는 게 많은 법.

　우리를 포함하여 경합이 붙은 네 개의 광고대행사는 제각기 다른 목소리를 냈다. 한컴은 '보이지 않아도 차는 느낍니다', 웰콤은 '돈이 더 많이 든 값진 기름', 그레이프는 '좋은 것에는 마니아가 생긴다', 제일기획은 '100인의 카레이서'.

　경쟁 PT에서 중요한 건, 하나로 집약된 아이디어와 새롭고 파격적인 PT 형식이다. 그리고 무엇보다도 가장 중요한 것은 용기다. 우리는 경쟁에서 승리하기 위해 다음과 같은 전술을 사용했다.

　첫째, 광고주의 관심 끌기!

　우리는 하나의 동영상을 보여주었다. 대여섯 명의 사람들이 농구공을 주고받는 영상이었는데, 동영상을 재생시키기에 앞서 "이들이 농구공을 주고받은 횟수는 몇 번인가요?"라고 물었다. 영상이 끝난 후, 다시 광고주에게 물었다. "혹시 한가운데서 가슴을 두드리던 고릴라를 못 보셨습니까?", "공을 몇 번 주고받는지 외에 다른 것은 보지 못하셨습니까?"라고. 리처드 와이즈먼 Richard Wiseman 영국 허트퍼드셔 대학교 심리학과 교수가 고안해낸 이 실험 영상 속에는, 사람들이 공을 주고받는 와중에 고릴라 탈을 쓴 자가 화면 한가운데에 나타나 가슴을 두드리고는 사라지는데, 청중 가운데 고릴라를 발견한 사람은 아무도 없었다. 이것은 우리의 고정관념을 보여주는 놀라운 실험이다. 키맨들에게 자신들의 고정관념을 실감케 하여 기대감을 조성하고 적극적인 참여를 유도하려는 작전이었다. 우리의 의도는 적중했다.

　둘째, PT를 주도하기!

　우리는 당당하게 외쳤다. "기존 슬로건은 버리십시오!", "브랜드와 기업 PR

은 함께해야 합니다!"라고.

셋째, 새로운 전략과 화법 선보이기!

논리적 설득 방식에 익숙한 보수적 광고주에게, 품질 인식을 높이지 못한 기존 캠페인의 문제점을 지적했다. 하지만 품질 차이를 인식하지 못하는 소비자들에 대해 말할 땐, 감성적인 설득과 감성적인 전염으로 접근해야 한다고 주장했다. 그러면서 우리가 준비한 노래를 들려주었다. 독자들도 광고를 통해 이미 익숙해졌을 바로 그 노래, 당시 우리가 붙인 제목은 '100인의 카레이서 CM송'이었다.

♪오늘은 왜 이리 잘 나가는 걸까. 우리는 100인의 카레이서. 오늘은 왜 이리 잘 나가는 걸까. 우리는 진실을 알고 있지. 오늘은 왜 이리 잘 나가는 걸까. 에쓰오일 덕분일까. 나는 에쓰오일, 에쓰오일, 에쓰오일. 에쓰오일이니까.♪

넷째, 흥미만점의 PT!

듀얼 프레젠터dual presenter 시스템이라고나 할까. 지루할 수 있는 한 시간의 PT를, 캠페인 성격에 맞춰 역할을 분담했다. 브랜드 캠페인은 발랄하게, 기업 PR 캠페인은 진지하게.

우리는 인상에 남을 만한 강렬한 퍼포먼스도 선보였다. 카피라이터 한 사람은 노래와 기타를, 그리고 다른 카피라이터는 탬버린을, 참석자 전원은 코러스를 맡아 CM송을 부르기 시작했다. 앞에 소개한 바로 그 CM송이다. 제일기획답지 않게 발랄함이 엿보이는 순간, 광고주들이 하나둘 웃음을 터뜨리기 시작했다. 당연히 좋은 결과로 이어졌다.

에쓰오일 캠페인을 준비하면서 필자는 하나의 깨달음을 얻었다.

'진리는 단순하다.'

그렇다면 에쓰오일 광고에 적용된 단순한 진리란 무엇인가? '광고가 재미있으면 브랜드 이미지가 좋아지고, 구매 자극도가 높아지는 것은 당연하다'는 것이었다. 나는 PT에서 이기는 법을 묻는 사람들에게 일단 과감하게 '책을 덮으라'고 말하고 싶다. 틀에 박힌 논리에서 벗어나 어깨를 가볍게 하라고. 좀 더 가볍게. 재미있는 것은 책 속에만 있는 것이 아니다.

캠페인이 시작된 뒤 우리는 지속적으로 소비자들의 반응을 살피는 한편 다양한 광고 기법을 동원하여 그 효과를 배가시켜나갔다. 초반엔 CM송을 널리 보급시키는 일에 초점을 맞추었다. 노래를 통해 소비자들의 정서를 '감염'시키기 위한 것이었다. 이어 '100인의 카레이서 밴드'를 조직하여 생활 속에서 사람들이 '잘 나가는 상황' 속에 침투시키고 좋은 기름을 연결 짓는 광고로 제작했다. 이밖에 김태희, 차승원, 박찬욱, 손예진, 싸이 등 메인모델들을 내세웠다. 그 사이 소비자들이 에쓰오일을 직접 체험할 수 있는 다양한 프로모션 행사도 진행했다. 오프라인에서는 번화가와 주유소에서 게릴라 퍼포먼스와 카 퍼레이드를 펼쳤고, 온라인에서는 100인의 카레이서 선발대회를 개최했다. 뒤이어 차승원과 유재석이 각각 '좋은 기름'과 '좋은 서비스'를 대표하여 대결을 벌이는 상황을 연출했다. 두 사람이 유세를 펼치는 과정을 광고로 제작하고, 실제 고객들의 투표를 거쳐 최종 우승자를 가리는 과정을 모두 공개했다. 한 편의 드라마처럼 말이다.

'100인의 카레이서' 캠페인 결과는 제일기획과 에쓰오일 모두를 만족시켰다. 광고 인지도와 브랜드 인지도가 동시에 크게 상승했고, 그야말로 광고의 인기를 넘어 브랜드 성장에도 크게 기여를 한 것이다. 에쓰오일 캠페인은 2006년 대한민국광고대상 특별상을 수상했고, 에쓰오일은 2008년 마침내 NCSI(국가고객만족지수) 정유 부문 소비자 만족도 1위를 차지했다.

당신을 보내세요
– KTX

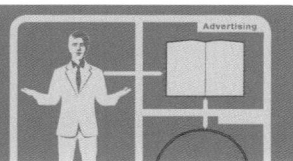

KTX 캠페인 역시 경쟁 PT로 시작했다. 금강, 휘닉스, 오리콤, 그리고 제일기획이 경합을 벌였다. 우리에게 주어진 시간은 40분. 그 시간 안에 우리 이야기를 최대한 효율적으로 쏟아내야 했다. 광고주는 'KTX=코레일'이라는 기업의 대표 이미지를 만들어달라고 주문했다. KTX의 브랜드 가치를 향상시켜 선호도를 증대할 수 있는 방안을 찾아달라는 것이었다.

금강은 'Connection, 세상을 가깝게 하는 철도', 휘닉스는 'Time, 시간의 가치를 새롭게 하는 KTX', 오리콤은 'Travel, 지혜로운 여행문화 만들기'를 내세웠다. 반면에 제일기획은 'Communication, 당신의 소중한 사람을 직접 만나게 하는 매개체'를 내세웠다. 모두 의미 있는 내용이었고, 다들 열심히 준비했다.

그렇다면, KTX의 경쟁 PT에서 제일기획이 승리할 수 있었던 요인은 무엇이었을까.

첫째, 기차에 대한 새로운 시각을 찾아냈다.

우리는 기차를 새롭게 정의하기 위해 철도의 진짜 적敵이 누구인가를 찾아나섰다. 적을 알아야 나를 알 수 있기 때문이었다. 철도의 적은 누구일까? 항공사? 자가용? 아니다. 오늘날 기차의 진짜 적은 여행의 필요성을 사라지게 만드는 인터넷, 휴대폰, 온라인 메신저 등과 같은 디지털 소통 매체다. 반면에 기차는 아날로그적 소통의 대명사다. 디지털에 대비되는 아날로그의 장점을 부각시킬 필요가 있었다.

브랜드는 아이디어를 먹고산다 **227**

둘째, 광고주의 눈높이에 맞추었다.

프레젠테이션을 할 때 상대방을 고려하는 것은 당연하다. 하지만 그중에서도 최고 결정권자의 눈높이에 맞추었을 때 광고대행사가 얼마나 세심하게 준비했는지 인정받게 된다. 당시 KTX의 CEO는 운동권, 정치 사형수, 정치인 출신이었고 광고에 대해서는 문외한이었다. 우리는 그에게 2002년 대선 광고물의 사례를 보여주었다. 감정에 호소하는 노무현 후보의 광고와, 경쟁자와 비교하는 이회창 후보의 지극히 이성적인 광고였다. 또한 타사에서 CPP 얼마, GRP 몇 퍼센트라고 말할 때, 우리는 '스페셜 A급 월 37회 보장'이라고 쉽고 간결하게 말했다. 굳이 어렵게 말할 필요가 없다. 광고 비전문가의 눈높이에 맞춘 전략은 제대로 먹혀들었다.

셋째, 분위기를 제대로 파악했다.

우리는 일본에서 취업 선호도 1위를 달리는 기업, JR_{Japan Railway}을 예로 들었다. 때로는 부드럽고 때로는 강하게 JR과 KTX를 비교했다. 그러면서 세계 일류의 철도 기술을 가진 회사, 우리나라도 초고속 열차를 가질 수 있다는 자부심을 심어준 KTX답게 광고도 앞서가야 한다고 강조했다.

결과는 대성공이었다. 이렇게 해서 '당신을 보내세요' 캠페인이 시작되었다.

맛있게 맵다
– 해찬들 태양초 고추장

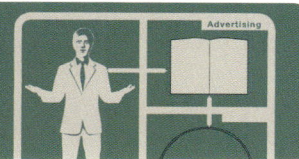

해찬들 태양초 고추장은 '며느리도 몰라, 아무도 몰라'라는 카피로 유명한 마복림 떡볶이 할머니 광고로 잘 알려진 대한민국의 대표적 장류 제품 브랜드다. 고추장의 원조로 유명한 순창 고추장이 막강하게 버티고 있는 이 시장에서 해찬들 태양초 고추장이 고객들에게, 특히 주부들에게 호응을 얻을 수 있는 브랜드 콘셉트는 무엇일까? 우리는 질문을 하나씩 던져가며 그에 대한 답을 찾아나가기 시작했다.

원조를 좋아하는 사람들은 아무래도 성인 취향, 남성 취향의 매운 고추장을 찾을 것이다. 그렇다면 오늘날 도시에 거주하는 주부들이 찾는 고추장 맛도 그럴까? 고추장으로 요리하는 음식들은 또 어떻게 변해가는가? 매콤한 고추장찌개만 있는가?

맵기만 한 고추장은 주부들에게 호응을 불러일으키기 힘들 것이다. 남편뿐만 아니라 아이들, 어르신들도 함께 먹어야 할 밥상에 너무 매운 음식을 올릴 수는 없는 노릇이다. 하지만 고추장이 빠진 한국인의 밥상은 김빠진 맥주 아니겠는가. 맵다는 것 말고 고추장이 또 어떤 느낌을 만들어낼 수 있을까?

드라마를 보면 여자들이 다이어트를 하다가 배고픔을 참지 못하고 고추장에 밥을 비벼 맛있게 먹는 장면

브랜드는 아이디어를 먹고산다 **229**

이 심심찮게 나온다. 그렇다, 고추장은 맛있다! 그렇게 '맛있게 맵다'라는 카피가 탄생했다. 광고주는 지금도 이 카피를 쓰고 있다.

그렇다면 광고에서 이런 카피는 어떻게 탄생하는 것일까? 여기서는 광고 카피를 만들어내는 방법에 대해 좀 더 구체적으로 알아보기로 하겠다. 광고가 아이디어 싸움이라면, 가장 효과적인 무기는 바로 카피다. 카피를 이해해야 광고 아이디어나 마케팅 아이디어를 만들어낼 수 있다.

그전에 명심해야 할 원칙이 하나 있다. 광고 카피에는 소비자의 행동을 유발하는 힘이 담겨 있어야 한다는 점이다. 소비자가 광고를 보고 '야, 저 카피 멋있네' 하고 끝난다면 그건 사실 멋진 카피가 아니다. '야, 저 제품 사고 싶다'거나 '그래, 저 제품을 어디서 팔더라?'라는 반응을 이끌어내야 진정 멋진 카피인 것이다. 그렇다면 어떻게 해야 잘 팔리는 광고 카피를 만들 수 있을까?

할 스테빈스Hal Stebbins는 좋은 광고 카피의 조건으로 다음과 같은 여덟 가지 요소를 포함해야 한다고 지적했다.

① 인간적이어야 한다.
② 간결해야 한다.
③ 성실한 자세가 느껴져야 한다.
④ 명확해야 한다.
⑤ 새로운 정보를 주어야 한다.
⑥ 열성이 느껴져야 한다.
⑦ 확실하게 이해시켜야 한다.
⑧ 믿을 수 있어야 한다.

데이비드 오길비는 좀 더 구체적인 광고 카피 작성 기술을 알려준다.

① 소비자의 이익을 약속하라.

② 뉴스성 헤드라인을 활용하라.

③ '이제, 드디어, 소개합니다'로 시작하라.

④ 헤드라인에 브랜드를 삽입하라.

⑤ 타깃을 구체화하라.

⑥ 가능하면 짧게 써라.

⑦ 구체적인 수치를 인용하라.

이처럼 세계적인 카피 전문가들의 조언은 어떤 면에서 지극히 당연한 것들이다. 문제는 어떻게 이런 요건들을 충족시키는 카피를 실제로 만들어낼 수 있는가 하는 것이다. 구체적인 기술이 필요한데, 안타깝게도 그런 기술은 없다. 애정과 열정으로 대상에 몰입하고 수없이 과오를 반복하는 일 외에 뾰족한 수는 없는 것이다.

하지만 다시 한 번 생각해보라. 광고 카피는 언어로 이루어져 있다. 이미 우리는 언어로 이루어진 훌륭한 자산을 가지고 있다. 문학이다. 문학적 기법들은 이미 잘 정리되어 있다. 이른바 수사학이라고 하는데, 이 수사법에 익숙한 사람일수록 튀는 광고 카피를 만들어낼 가능성이 커진다. 따라서 카피를 잘 써보고자 한다면 별도의 수사법에 대한 공부를 하지 않을 수 없다. 이에 관해서는 기존에 좋은 책들이 나와 있고 인터넷에서도 관련 내용들을 찾을 수 있다.

광고는 한마디의 슬로건을 남긴다

광고에서 가장 중요한 것 가운데 하나는 당연히 한 줄의 짧은 카피다. 호랑이가 가죽을 남기고 위인이 이름을 남긴다면 광고는 한 줄의 카피, 한마디의 슬로건을 남긴다고 해도 과언이 아니다. 이러한 광고 카피는 문장의 형식이나 내용에 따라 몇 가지 유형으로 분류할 수 있다. 먼저 사례들을 살펴보자.

① 뉴스형

'새로운 스타일의 PC 탄생!', '신등장, 비타민이 들어 있는 쌈장' 등.

② 효용 및 편익 고지형

'음식물 쓰레기도 악취도 요술처럼 사라진다', '변비, 이제 확 뚫립니다' 등.

③ 단정형

'전파의 힘이 강하다', '전문가가 만들면 다릅니다' 등.

④ 증언, 실증형

'맛을 보면 정말 다릅니다', '서울 시민의 75%가 경험하셨습니다' 등.

⑤ 주장, 제안형

'아름다운 창이 있어 세상은 더욱 아름답습니다', '원자력 에너지, 환한 미래를 위한 선택입니다' 등.

⑥ 질문, 의뢰형

'누가 나이키를 신는가?', '새벽 별자리를 보신 적이 언제입니까?' 등.

⑦ 정서형

'20대여, 영원하라!', '유혹할 수 없다면 패션이 아닙니다' 등.

⑧ 논쟁, 반복형

'콜라를 마실 것인가, 사이다를 마실 것인가?', '지는 IBM이 있다면 뜨는 컴팩도 있다' 등.

시대가 바뀌어도 기억되는 한 줄의 광고 카피를 만드는 것이야말로 모든 광고인들의 꿈이다. 우리의 기억 속에 여전히 생생한, 혹은 지금까지 오랜 세월 동안 사용되는 명카피들을 열거해보자.

고향의 맛 _다시다

친구가 좋다. OB가 좋다. _OB맥주

따봉! _롯데칠성 델몬트

가나와 함께라면 고독마저 감미롭다. _가나 초콜릿

탱크주의 _대우전자

패션으로 기억되는 나라를 만들겠습니다. _LG패션

눈높이 교육 _대교

침대는 가구가 아닙니다. 과학입니다. _에이스 침대

소리 없이 강하다. _레간자

깐깐한 정수기 _웅진 코웨이

한국지형에 강하다. _애니콜

산소 같은 여자 _마몽드

아내는 여자보다 아름답다. _맥심 프리마

가슴이 따뜻한 사람과 만나고 싶다. _동서 커피

밤새지 말란 말이야! _현대컴퓨터 멀티캡

감기 조심하세요. _판피린

이런 명카피들은 과연 어떻게 탄생했을까? 당연히 카피라이터의 브랜드 콘셉트 추출에서부터 시작되었다. 그렇다면 브랜드 콘셉트 추출법은? 모든 광고인들마다 생각이 다를 테지만 여기서는 필자가 생각하는 가장 단순하면서도 실용적인 브랜드 콘셉트 추출법 몇 가지를 소개한다.

첫째, 생활 속 이야기를 활용하라. 길거리에서, 영화를 보다가, 친구들과 수다를 떨다가 들었던 이야기를 사용하라. 그만큼 소비자의 실생활과 밀착된 카피가 될 가능성이 높다.

둘째, 등잔 밑을 밝혀라. 제품 속에서 브랜드 콘셉트를 찾는 건 상식이다.

셋째, 전략을 구사하라. 카피란 전략의 다른 이름이기에 그대로 사용해도 좋을 때가 종종 있다. 예컨대 에이스 침대의 전략은 '침대 전문 회사로서의 이미지를 부각시킨다'였고 카피가 '침대는 가구가 아닙니다. 과학입니다'였다. 표현만 바뀐 같은 말이다.

넷째, 맛과 멋을 살려라. 언어유희, 축약, 운율, 재담 등을 한껏 활용한 카피를 만드는 것이다.

이 몇 가지가 말처럼 쉬운 일은 아니다. 훌륭한 카피를 쓴다는 것이 그렇게 간단할 리 없다. 그러나 아이디어의 본질인 '관심과 결합'에 대한 부단한 자기 노력만 있다면 누구나 얼마든지 훌륭한 브랜드 콘셉트나 광고 카피를 써낼 수 있다. 결국 그것도 생활 속에서 아이디어를 발견하고 축적하고 응용하려는 노력의 산물이다. 필자도 부단히 노력하고 있는데 다음은 그 몇 가지에 대해서다.

'말'보다 '글'

 글을 쓴다는 것은 생각의 정리이고 아이디어의 발원이며 기록의 첫걸음이다. 가족이나 광고주에게 편지를 쓰고, 회사 생활에 대한 후기를 남기는 등 필자는 부지런히 모든 기억들과 생각들을 사진과 글로 남겼다.
 광고주에게 책 선물을 하며 쓴 편지와 회사에 기고한 글들을 소개한다. 물론 이 글들은 언젠가 내 광고 캠페인의 소재가 될 것이다.

 그동안 보내주신 깊은 관심과 배려에 진심으로 감사드립니다. 사람의 마음이란 참으로 간사해서 요플레 광고를 칭찬해주실 땐 그리도 고맙더니만 투게더를 다시 작업하자 하셨을 때는 참 야속하더군요. 그러나 지금 생각하면 우리가 살고 있는 전체나 앞뒤에 대한 이해를 뒤로하고 침착함과 섬세함 없이 덤벼들기만 했던 제 행동도 부끄럽습니다.
 요즘은 "성공한 인생이란 결국 사람에 대한 애정이다"라는 말이 더욱 와 닿습니다. 실력은 기본이고 사람들과의 만남에서 어떤 인연을 만들 것인가가 중요하다는 뜻이겠지요. 좀 더 사려 깊고 성숙한 관계가 되도록 노력하겠습니다. 풍성한 추석 되십시오.

– 빙그레 홍보실장님께 추석에 보낸 편지

 회사에 프루스트 타임이라는 제도가 있습니다. 하루를, 잃어버린 시간을 찾아 떠나라는 취지지요. 안사람과 함께 영화라도 한 편 보려 했는데 뜻밖에 비염이 심각하다네요. 그래서 수술을 결심했지요. 술이 아니라 수술로 보내게 된 것이지요. 연말 건강 조심하세요.

- CJ의 광고 실무자에게 연말에 보낸 편지

한 해 동안 보내주신 깊은 관심과 배려에 진심으로 감사드립니다. 침착함과 섬세함을 오히려 제가 배우고 있습니다. 뜻하지 않게 연말에 술을 입에 대지도 못하게 되었습니다. 그래서 광고주분들의 시간을 가정으로 돌려드릴 생각을 하게 되었습니다. 좋은 책과 함께 내년을 설계하시지요.

- 삼성생명 광고주 부장님께 연말에 보낸 편지

워낙 딱딱한 생각, 형식적인 겉치레를 싫어하는 체질이다.
그저 생긴 대로 되는 대로 여여하게 살고 싶은 것이 내 소망이다.
그러나 그게 어디 마음대로 된다든가.
우리 회사엔 건배사라는 게 있다. 술자리엔 어딜 가든 사람들이 모이게 되고 그 자리의 의미를 되새기게 마련이다.
이때 건배사는 빛을 발하는데, 예를 들면 차례가 돌아온 사람이 주제를 정하고 나머지 참석자들이 그 주제를 한마디씩 읊어주면 던져준 두운에 맞추어 삼행시든 사행시든 오행시든 따라 읽고 마지막에 잔을 부딪치며 파이팅을 다짐하게 되는 것이다.
그런데 그 행위 자체가 뭔가 획일적이고 집단주의적 배타성을 띠는 것 같아 못내 부담스러웠던 것이다. 그러나 팀장 자리에 올라가니 이리저리 모임도 많고 건배사 제의를 피치 못하게 하게 되는데 바로 이때가 문제인 것이다.

뉴욕에 신입사원 면접을 보러가게 되었을 때의 일이다. 사장님까지 참석한 회식자리에서 또 이런 순간을 맞이했다. AE라는 게 광고주를 직접 마주치는 자리라 영업적인 성격이 강할 수밖에 없고 그럴 때는 뭐니뭐니해도 씩씩하게 파이팅을 외치는 기질을 유감없이 발휘해야 하는데 난 그저 '위하여!'다. 아, 정말 그놈의 건배사가 왜 그리 외쳐지지 않는지. 또다시 그 자리에서도 "저 녀석이 기가 빠져서 걱정이다"라는 사장님의 걱정만 듣고 말았다.

사실 잔을 들고 '함께 한곳으로 마음을 모아 전진하자'라는 좋은 의미인데, 그때마다 내 머릿속엔 마치 조폭들이 다 함께 모여 회식하는 모습이 연상되는 것은 도대체 알 수 없는 노릇이다. 사실 그런 자리에선 윗분들의 의중에 맞게 건배사의 내용을 만들어야 하는데 그게 아마 내 마음속엔 아부의 일종이고 군사 문화의 잔재이고 획일화의 표본이라고 생각되는 모양이다.

어쨌거나 난 따뜻하고 인간미 넘치는 나만의 건배사를 마음속에 되새기고 있었다. 때가 되면 그런 자리는 꼬박꼬박 돌아오는 것이어서 올해도 건배사 시간에 사장님과 눈이 마주쳤다.

사장님은 웃으시며 '김시래가 저쪽 테이블에서 날 쳐다보더니 바로 고개를 돌리더라구, 이제 건배사 안 시키마' 하고 너털웃음을 터트리는 것이었다. 난 벌떡 일어나 나도 준비했으니 한번 해야겠다고 청을 드려 전체 임원들이 보는 앞에서 이렇게 말했다.

"사랑하면 알게 되고 알게 되면 보인다고 했으니 우리가 서로 사랑하면 무엇이든 해낼 수 있으리라 생각됩니다. 그러니 제가 '사랑이' 하면 여러분은 '최고야'라고 외쳐주시면 됩니다. 목소리가 작으면 다시 하겠습니다. 아시겠습니까?"

술도 한잔 걸쳤겠다, 나는 나만의 건배사로 이제까지의 부진을 일거에 만회하겠다는 생각으로 큰 호흡으로 '사랑이!' 하고 외치려는 순간, 갑자기 앞에 있던 다른 선배 팀장이 작은 목소리로 "야 새롭게 임전무님 오셨잖아, 임캔두잇 해, 임캔두잇!" 하는 것이었다. 좌중을 잠깐 돌아본 난, 아 나는 정말 어쩔 수 없이, 또 한 번 건배사의 비애를 느끼며 큰 소리로 외치고 말았다.

"임캔두잇!!!"

지금 나는 그때 일을 후회하지는 않는다.

훌륭한 선배님들에게 빙그레 웃을 수 있는 짧은 즐거움을 드릴 수 있는 것도 내 휴머니즘의 일부이니.

그러나 나에게 적절한 건배사 센터링이 들어왔을 때 소신 있게 나름대로의 투박한 건배사를 날리지 못한 나 자신이 다소 겸연쩍은 것은 사실이다.

– 건배사에 대하여 메모장에 써놓은 글

아빠가 큰 딸 지혜에게 주는 그림 편지, 와우~

아빠, 소리 좀 지르지 마라~

이제부터 아빠도 소지 지르지 않겠어

만약 소리 지르면 '약속'이라고 이야기해줄 것

가끔 기억력이 나빠지는 아빠를 위하여

지혜가 공부하면 볼륨을 낮춘다

아예 TV 끄고 모두 책 읽기

그런데 한일전 축구를 하거나 박찬호가 나오면

지혜가 양보하기, 스포츠를 좋아하는 아빠를 위하여

수영이가 까불면 '이놈' 하고 혼내주자

하지만 수영이는 애기야 애기

이젠 많이 큰 지혜보다, 훨씬 오래 전에 만난 지혜보다

신경을 더 써주는 게 어떨까

아빠는 지혜와 수영이를 아빠보다 더 사랑한다

똑같이 사랑한다

'언니, 무릎이 아파' 하면 '이리와 봐 언니가 봐줄게' 해야 한다

김지혜와 그의 동생 김수영

아마 수영이는 평생 김지혜의 동생으로 살아갈 꺼다

아마 아빠나 엄마보다 더 오래 살게 될 거야

지혜가 수영이를 아빠나 엄마보다 더 사랑했으면 좋겠다

지혜야 너의 입을 좀 보렴

요즘 넌 너무 먹는 걸 밝히는 것 같아

먹는 것 말고도 할 일이 많을 텐데

이런 건 어떨까

엄마가 이불 펼 때 같이 펴기

하루에 책 세 권씩은 읽기

울지 않기, 밥 부지런히 먹기

아빠가 이 세상에서 가장 사랑하는 우리 가족

그중에서 아빠가 항상 든든하게 생각하는

우리 집 큰 기둥 김지혜

이제 깊은 가을이다

다음 주엔 아빠가 시간이 날 것 같다

재작년에 갔던 백양사에 가보고 싶다

네가 계획 좀 세워볼래?

아빠의 그림편지 끝~

- 동생과 투닥투닥하는 큰딸에게 전해준 글

스크랩, 세상을 보는 스크린

　공부하는 학생은 붓을 탓하지 않는다지만 요즘 같은 세상에 공부할 것이 좀 많은가? 광고하는 사람들도 마찬가지라 생각된다. 매일매일 수없이 쏟아지는 광고들은 어젯밤 날을 새며 만든 이 시대 동료 광고인들이 노력을 기울인 결과물이고 우리 수준의 정확한 잣대일 것이다.

　특히 신문 광고는 줄어가고 있다고는 하지만 그 뉴스성으로 인해 최신 브랜드들이 자신의 기능적 특성과 이미지를 세상에 알리고자 매일매일 무수한 일간지에 쏟아져 나온다. 그런데 필자는 이런 신문 광고를 스크랩하고 분석하는 디자이너나 카피라이터를 본 기억이 가물가물하다.

　필자는 매일매일 주요 일간지 하나, 경제지 하나, 스포츠지 하나를 선정해서 하단기사, 광고만을 집중적으로 보고 그중 좋든 나쁘든 간에 의미 있는 광고들을 모아 1년에 108개씩 선정하여 회사에 발표하고 있다. 아는 후배 중 하나가 필자를 부를 때 '김시래 선배'가 아니라 '김사례 선배'라고 웃으며 이야기하는 것도 실은 이런 자료의 축적 덕분이 아닐까 생각한다.

　무수한 정보가 넘쳐난다. 수많은 정보 중에서 자신과 관계있는 정보를 가려내고, 모으고, 재활용하는 기술이야말로 아이디어 트레이닝법의 기본일 것이다.

크리에이티브 만들기

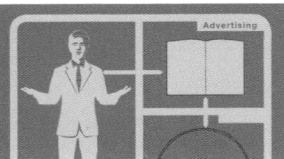

선배 카피라이터 중 한 분이 어느 날 연필을 깎으며 "이제 그림을 배워서 콘티만 만들 줄 알면 나 혼자 기획서도 쓰고 광고도 만들고 PT도 직접 할 거다"라고 의기양양하게 말하는 것이었다. 통섭의 시대, 우리 광고인들에게 이러한 요구는 점차 거세질 것이다.

즉 과거의 크리에이티브란 표현, 즉 상징화에 국한되어 아트나 카피 따로 독립적 전문성을 요하는 시대였다면 통섭의 시대에 아이디어를 만드는 작업은 그것을 만들고 표현하고 소비자들에게 전파하는 일련의 행위 모든 것이기 때문에, 이제 혼자서도 이 모든 과정에 어느 정도 능숙해져야 시너지를 만들 수 있는 원 맨 밴드One Man Band의 시대가 되었다는 이야기이다. 누구는 전략 짜고 누구는 제작물 만들고 하는 식의 사고를 버려야 할 것이다.

필자의 몇 년 전 사례 한 가지.

삼성생명 광고주 측에서 TV CF를 만들어 삼성생명에게 부모님의 이미지를 만들되 '모든 것을 받아주는 희생형의 이미지'가 아닌 '자식의 독립성을 위해 적당한 거리에서 지키고 돌봐주는 부모님의 상'을 그려달라고 주문했다.

다시 절벽으로 기어오를 수 있는 새끼 사자만을 키우는 엄격한 부모상을 그려달라는 이야기인 것은 알겠는데 구체적인 아이디어가 떠오르지 않았다.

광고인들이 잘 보는 이미지 사이트 중에 게티 이미지Gettyimages.com라는 사이트가 있다. '부모Parents'를 검색창에 쳐보니 수천 가지의 이미지가 떠올랐고

그중 무거운 가방을 끌고 가는 아들을 묵묵히 지켜보는 엄마의 모습을 담은 한 장의 사진이 눈에 들어왔다. 필자는 그 사진을 제작진에 제시해서 시안을 만들었고 광고주도 그 광고를 합의해주었다.

몇 년 전 인천국제자유도시 송도 더 퍼스트 월드의 브랜드 콘셉트를 사내 공모한 적이 있다. 새로운 경제자유구역이 생겨나는데 그 지역을 통칭할 만한 콘셉트가 필요했던 것이다.

필자는 중고등학생 시절 자주 드나들었던 신나라 레코드점이 생각나서 '대한민국 新나라'로 제안을 해서 당선된 적이 있다. '대한민국 경제를 신나게 살리는 새로운 곳'이란 뜻이었다. 앞에서 언급한 바 있는 삼성생명 〈인생은 길기에〉 캠페인도 사실 내 삶의 모습에서 발견된 그대로다.

필자에겐 딸 둘이 있다. 애엄마가 딸일수록 어릴 때는 아빠와 함께 목욕하는 것이 좋다고 이야기해서 초등학교 3학년 때까지는 서로 아무런 생각 없이 함께 목욕도 하곤 했었다.

그러던 어느 날, 목욕탕에 들어가던 필자는 깜짝 놀라 옷가지를 집어 들고 자기 방으로 황급히 들어가는 큰딸을 보게 되었다. 이상하리만큼 섭섭했다. 한편으론 '아 이제 우리 딸도 다 컸구나' 하는 생각도 들었고, 이런 생각은 삼성생명 〈인생은 길기에〉의 '큰 딸 편'을 보는 순간 '아 이거다' 하는 생각을 만들었다.

광고를 보면 "우리 딸도 이제 다 컸구나" 하는 아빠가 반찬을 권하다 이제

막 사춘기에 접어든 딸아이의 브래지어를 살짝 건드린다.

부끄러워하는 딸아이의 시선. 딸의 성장기를 가까이서 겪은 아빠들은 모두 공감하는 장면일 것이다. 이런 생활의 사실적인 모습들이 빅 아이디어가 되고 사람들에게 깊은 공감을 불러오게 되는 것이다.

결국 아이디어란 한 인간이 가지고 있는 지식과 상식과 양식, 그리고 경험의 산물일 것이다. 그러한 것을 얻어낼 수 있는 정보원은 과연 어디에 있을 것인가? 필자가 제일기획 지식의 달인으로 선정되어 작년에 삼성 사내 방송에 방영되었던 기록을 그대로 싣는다.

데이터에서 아이디어로

"우리가 '보시'라는 말을 하잖아요. 먹을 것도 나눠주고 돈도 나눠주면 좋은데 지식 나눠주는 것처럼 좋은 것이 있겠어요? 그리고 '벗이 있어 먼 곳으로부터 오니, 또한 즐겁지 않은가!'라는 『논어』의 공자 말씀도 있는데 지식을 함께 나누는 것이야말로 의미 있는 것이라고 저는 기본적으로 생각해요."

"우리 회사에는 쿡cook이라고 하는 정보 공유 시스템이 있습니다. 저는 제가 읽은 책의 정보와 기타 수집한 자료를 꾸준히 여기에 올려 공유하는 편인데요. 이렇게 쿡에 열심히 자료를 등록하는 이유는 무엇보다 우리에게 정말 필요한 것은 지식 그 자체가 아니라 이러한 정보나 지식 체계를 활용하는 기술이나 마인드라고 생각하기 때문입니다."

"제 주위에 결혼한 친구들이 많죠. 그런데 연애 기간을 2년 정도 충분히 가졌던 친구들이 서로 잘 아는 것 같아요. 상대방을 아는 과정이 있어야 상대방을 이해하게 되고, 잘 알아야 사랑의 가치도 알게 되면서 오래가는 것 아닌가 생각해요. 유홍준의 『나의 문화유산 답사기』라는 책을 보면 "사랑하면 알게 되고 알게 되면 보이나니 그때 보이는 것은 전과 같지 않더라"라는 말이 있는데 저는 알아야 제대로 사랑하는 것이 아닌가 하는 생각이 들어요. 안다는 것은 인간의 궁극적인 목표인 사랑의 기본적인 단계라고 생각해요. 저는 후배들에게 직장 생활은 정답을 맞춰가는 것이 아니기 때문에 가까운 곳에서 답을 찾으라고 얘기해요. 그런 의미에서 일주일에 5권, 1년에 250권 책을 읽은 사람과 일주일에 1권, 1년에 50권 읽은 사람이 10년이 지나면 얼마나 차이가 나느냐 하는 것이죠. 그래서 기본적으로 나중에 큰일이든 작은 일이든 조직 내에서 떳떳하고 불안하지 않게 살려면 책을 많이 읽으라고 얘기를 많이 하죠."

그래서 김시래 프로는 가능한 한 많은 책들을 보려고 노력하고 있다. 사무실 책상 옆 수납장에도 꽤 많은 책들이 보인다. 그런데 이 책들은 어떤 종류의 책들인가요?

"광고 책들이 많죠. 광고는 모든 것과 관련되어 있다는 말이 있듯이 마인드와의 싸움이고 또한 그런 것을 반영해야 합니다. 때문에 사실 광고 책이라는 것은 다른 것이 아니라 인간의 마음을 담은 모든 책들이죠. 예를 들어 제가 소개를 잠깐 해드리면 신용복의 『강의』라는 책은 『논어』, 『공자』, 『맹자』와 관련된 내용인데 한두 가지 내용을 들자면 '주관주의를 경계해야 한다', '학과 사를 적절히 배합하는 자세' 이런 것들이 있어요. 마찬가지로 광고에서도 인문학적·마케팅적·과학적·예술적 관점의 밸런스에 대한 이야기를 많이 하거든요. 이런 글 속에서도 광고는 살아 있다, 이런 생각을 많이 합니다."

김시래 프로는 이렇게 여러 분야의 다양한 책 속에서 광고에 대한 모티브를 얻고 있다. 하지만 좋은 책은 나눠 읽어야 가치가 있는 법. 팀의 신입사원이나 인턴사원이 오면 항상 도움이 될 만한 책들을 추천해준다. 그러면 인턴은 김시래 프로에게 이렇게 질문해온다.

"제가 3주 전에 인턴을 시작해서 광고에 대한 책이나 카피에 대한 책들을 주시는데 어떤 점을 보완할 수 있는지 코멘트를 해주시고 거기에 대한 책을 추천해주세요."

이렇게 본인은 물론 주변 사람들에게 다양한 책을 권하고 많이 읽기를 원하는 것은 '광고인이라면 이러해야 되지 않을까' 하는 자신만의 철학이 있기 때문이다. 김시래 프로는 광고에서 순간의 재치나 입담이 중요한 것은 아니라고 생각하고 있다.

"물론 그것도 중요하겠지만 오래오래 사람의 미묘한 마음을 찾는다는 것이 쉽지 않은 데다가 경쟁과 수정 등을 끊임없이 하기 때문에 심한 긴장, 인내, 정신적 피로의 연속이에요. 때문에 이것이 내 천직이다 하는 끈기와 정신적 맷집이 오히려 중요해요. 단거리보다는 마라톤 같은 긴 여정을 버틸 수 있는 내성 있는 친구들을 저는 좋아합니다. 그런 삶에 대한 태도, 직장관, 직업관을 가진 데다 또 그것만 있으면 안 되죠. 잘해야 되니까. 왕성한 지적 호기심과 주변 생활의 모든 것에서부터 광고아이디어의 원천을 얻는 태도 역시 중요하다고 생각합니다."

김시래 프로는 '생활의 발견'이라는 말처럼 주변의 모든 것에서 지식의 소스를 끌어내고 있다. 책에서, 동료들과의 이야기 속에서, 길거리에서, 세상의 모든 것들이 그에게 앎의 원천인 것이다. 이는 김시래 프로가 광고는 '관심과 결합'이라 생각하기 때문이다. 기본적으로 많이 알아야 하고 인문학적 소양을 갖고 있어야 광고주의 제품을 사람들의 마음과 잘 결합시킬 수 있다고 믿기 때문인 것이다.

"저는 광고는 '관심법'이라고 생각합니다. 광고는 광고주가 제품의 좋은 점을 세상 사람들이 좋아하는 것과 잘 연결시키고 결합시켜야 광고적인

임팩트가 생기거든요. 그러다 보니까 기본적으로 머릿속에 상식, 지식, 양식이 있어야 합니다. 더 나아가 경험, 그리고 독서와 같은 간접 경험이 필요하죠. 사람과의 대화가 될 수도 있고. 이런 것을 통해서 머릿속에 지식과 경험이 많이 축적되어야 브랜드에 대한 것들이 나왔을 때 수평적 결합을 이루면서 좋은 광고 거리들이 많이 만들어질 테니까. 그것은 기본이겠죠. 역시 많이 머릿속에 축적해놔야 해요."

하지만 생활 속에서 광고를 잘 만들기 위한 지식을 얻는다는 것은 광고에 대한 진정한 애정이 없으면 안 되는 것이다. 정신적으로 몰두해 있지 않고 관심이 없다면 봐도 보이지 않기 때문이다.

"가게의 '내일 망합니다' 같은 재미있는 푯말 하나, 가격표 하나 그리고 극장 광고 하나, 영화 제목 하나, 음악 등이 내가 갖고 있는 브랜드나 경쟁 PT 등의 상황에 딱딱 붙는다는 거죠. 어떻게 보느냐가 중요한 것이 아니라 자기가 거기에 미쳐야 미친다는 말처럼, 그것으로 인생을 살 것인가 하는 태도부터 정하면 자연스럽게 그것들이 다가옵니다. 저는 그렇게 믿어요."

주변의 모든 것들에서 배움을 찾으려는 김시래 프로. 김시래 프로가 이렇게 아는 것이 중요하다고 생각하는 것은 결국 좋은 광고를 위한 것이다. 그리고 광고가 좋기 때문이다.

"저는 예전에 한때 저널리즘, 신문 같은 분야의 일을 꿈꾼 적이 있어요. 그건 분석이잖아요. 현상에 대한 이면을 분석하는 것. 하지만 광고는 크리에이티브, 창의성의 영역이에요. 그 자체가 재미있죠. 예전에 제가 삼성생명 광고로 대상을 받은 적이 있는데 그 광고에 사용된 BGM이 제가 평소 좋아하는 비틀즈의 〈I will〉이에요. 모든 예술 문화의 장르가 마찬가지겠지만 '광고는 곧 나다'라는 정의가 있거든요. 내가 좋아하는 것들을 광고에 넣을 수 있다는 점이 매력적이에요. 또 광고라는 것은 휴먼 네트워킹 비즈니스에요. 사람 비즈니스거든요. 많은 사람을 만나죠. 그 속에서 많은 깨달음도 얻게 되고, 변화의 폭이 굉장히 크죠. 재무, 회계 등 기업의 일들이 많이 있는데 마케팅, 광고를 한다는 것은 많은 변화의 가능성을 가질 수 있다는 것이거든요. 그런 다양성이 존재한다는 것도 좋은 일이라 생각합니다. 우리 안에 카피가 있고, 디자인이 있고, 리서치가 있고, 광고주가 있고, 미디어가 있고, 그 많은 사람들과 다양한 스태프를 만나고 같이 일하는 그 자체가 좋습니다, 저는."

앞에서 언급한 바와 같이 효과적인 브랜드 콘셉트나 회자되는 광고 카피를 만드는 데 유명한 크리에이터들이 남긴 몇 가지 이론이나 가이드 라인이 있을 수 있을 것이다. 그러나 실천하지 않는 행동 강령이 무슨 소용일까? 그 모든 것들은 본인이 직접 노력하고 실천하고 생활 속에서 꾸준히 대입시켜야 결실을 맺게 될 것이다.

평소에 편지를 활용하든 메모장을 만들든 트위터나 페이스북에 가입하든 글을 쓰라. 당신의 생각을 세상과 끊임없이 소통하고 그 기술을 늘려나가라는 것이다. 그것은 글 자체가 아니라 결국 창의적 작업에 직접 참여하는 일이 될 것이다.

그리고 광고를 직접 스크랩해서 머릿속에 축적해놓으라. 그 모든 사례들은 당신의 아이디어가 나아갈 길을 밝혀주는 시금석이 될 것이다. 뿐만 아니라 그 모든 것이 뒤섞여 어느 순간 빛나는 아이디어로 다시 태어날 것이다. 그리고 떠오른 아이디어를 직접 실행하라. 글을 쓰고 비주얼을 직접 그리고 카메라를 직접 만지라는 것이 아니다. 직접 카피도 쓰고 그림도 만들어서 당신의 생각, 관념, 아이디어를 구체화해보라는 것이다. 그 속에서 또 다른 아이디어가 생겨난다.

배를 만들다 보면 대양의 꿈도 만들어지는 것이고 디테일이 받쳐주지 않는 지향점은 사상누각이 되기 쉽다.

빛나는 아이디어를 통해 고객의 꾸준한 사랑을 받고 있는 글로벌 **브랜드 사례 1**

현인지향, 나쁜 남자와 나쁜 브랜드는 매력적이다

"사랑 고백을 받았어. 대뜸 사랑한다잖아."

114의 전화번호 안내 서비스가 "사랑합니다, 고객님!"이라면서 불특정 다수에게 사랑 고백을 하기 시작했을 때 유행하던 농담이다. 고객을 향한다거나, 고객이 먼저라거나, 고객을 사랑한다는 말이 모든 회사의 모토처럼 떠오르고 '친절'은 필요조건이 아닌 필수조건이 된 시대다. 그러나 과연 친절한 것이 전부일까? 너무 부담스러운 친절은 진정성을 의심하게 만들지는 않을까?

친절을 내세우는 브랜드들은 '고객 중심'이라는 브랜드 아이덴티티Brand Identity, BI를 구축하고자 한다. 그러나 그 브랜드 아이덴티티가 왜곡 없이 소비자들에게 받아들여지는지는 생각해봐야 할 문제다.

서비스업의 경우 친절한 기업이 긍정적으로 인식될 수 있지만, 제품으로 승부하는 경우에는 서비스보다 제품이 먼저 소비자들의 마음을 사로잡아야 한다. 따라서 제조업 위주의 기업이 친절을 최우선 브랜드 아이덴티티로 삼는 것은 적절치 않을 수도 있다. 브랜드와 소비자에 대한 정확한 이해 없이 구축된 아이덴티티는 긍정적인 이미지를 만들기 어렵다는 점도 기억해야 한다.

일본의 '현인지향玄人志向'이라는 컴퓨터 부품업체는 친절을 최우선으로 하는 현재의 마케팅 패러다임에 신선한 충격을 가져다준 회사다. 이 회사는 '초심자 사절'이라는 불친절한 문구를 내걸고, 매뉴얼은 영문 매뉴얼만 제공하며, 고객 응대 창구는 아예 없는 등 불친절의 극치를 보여주었다. 이 기업이 추구하고자 하는 브랜드 아이덴티티와 브랜드 이미지는 어떤 것일까? 그리고 그것이 어떤 요소들을 통해 형성되었을까?

(……)

길가에 앉아서 방망이를 깎아 파는 노인이 있었다. 방망이를 한 벌 사 가지고 가려고 깎아달라고 부탁을 했다. 값을 굉장히 비싸게 부르는 것 같았다.

"좀 싸게 해줄 수 없습니까?"

했더니,

"방망이 하나 가지고 에누리하겠소? 비싸거든 다른 데 가 사우."

대단히 무뚝뚝한 노인이었다. 값을 흥정하지도 못하고 잘 깎아나 달라고만 부탁했다. 그는 잠자코 열심히 깎고 있었다. 처음에는 빨리 깎는 것 같더니, 저물도록 이리 돌려 보고 저리 돌려 보고 굼뜨기 시작하더니, 마냥 늑장이다. 내가 보기에는 그만하면 다 됐는데, 자꾸만 더 깎고 있었다.

인제 다 됐으니 그냥 달라고 해도 통 못 들은 척 대꾸가 없다. 타야 할 차 시간이 빠듯해 왔다. 갑갑하고 지루하고 초조할 지경이었다.

"더 깎지 않아도 좋으니 그만 주십시오."

라고 했더니, 화를 버럭 내며,

(……)

"다른 데 가서 사우. 난 안 팔겠소."

— 윤오영, 「방망이 깎던 노인」 중에서

만약 정말 방망이를 사야 한다면, 이 글에 나오는 노인에게 찾아가서 방망이를 사고 싶다. 자신의 방망이에 대한 자부심이, 소비자들에게 "사랑하는 고객님, 이 방망이를 사주세요"라고 외치는 것보다 훨씬 더 강력하게 다가오기 때문이다. 물론 방망이 하나쯤이야 대충 인심 좋은 분에게 사도 좋을 것이라고 생각하는 사람들도 있을 수 있다. 그렇기 때문에 타깃 고객을 정확하게 파악하는 것이 중요하다. 품질을 높이 평가하는 경우, 친절을 높이 평가하는 경우, 고객의 구매 결정 기준은 다르기 때문이다. 현인지향은 품질 제일을 최우선 사항으로 고려하는 고객층을 타깃으로 하여 브랜드 아이덴티티를 확립시킨 성공 사례에 해당한다.

현인지향은 그들의 타깃 고객층들이 '설명서를 보는 것에 자존심 상해하고', '나만의 컴퓨터, 혹은 전문 컴퓨터에 관심이 있고', '컴퓨터에 관심이 많은 전문가 이미지를 갖고 싶어 한다'는 점을 파악했다.

이렇게 소비자의 욕구를 파악했으니 다음 단계로 새로운 의미나 콘셉트를 만들 차례다. 전문가라는 느낌을 강조하여 '최고의 전문가에게 최고의 친절로 대접해드리겠습니다'라고 할 수도 있지만, 현인지향은 달랐다. 그들은 '불친절'이라는 콘셉트를 선택했다. 물론 이때의 불친절이 우리가 생각하는 '무례하고 예의 없음'을 의미하는 것은 아니다. 친절을 우위에 두는 대신 제품의 품질을 최우선으로 여기겠다는 마케팅 전략이라고 이해해야 옳다. 덕분에 현인지향의 브랜드 이미지에서는 장인 정신과 전문성이 느껴진다. '전문가 집단'이 되고 싶은 초심자나 비전문가 역시 '이걸 쓰면 나도 전문가가 되지 않을까?'라는 마음이 들도록 만드는 힘도 지녔다.

현인지향은 스페셜리스트 specialist가 각광받는 시대라는 트렌드를 정확히 읽어내고, 그들이 파악한 타깃 소비자의 특성에 접목시켜 자신들만의 브랜드 맥락을 창조했다. 그렇다면 그 맥락 안에 형성되어 있는 '재미'는 무엇이었을까? 현인지향은 고객들이 스스로 제품 사용법을 익히고 문제를 해결할 수 있도록 커뮤니티를 제공했다. 그 커뮤니티를 통해 소비자들은 같은 관심사를 지닌 사람들과 소통하며 그들의 문제를 공유할 수 있었고 그 문제를 함께 풀어나가는 과정 속에서 재미를 느낄 수 있었다.

현인지향의 차별화된 브랜드 맥락은 위기 속에서도 빛났다. 그들이 배포한 새로운 소프트웨어에 바이러스가 포함되었다는 비상사태 속에서도, 현인지향은 자기 브랜드의 아이덴티티를 살려 문제를 해결했다. 바로 '검은 선글라스를 낀 남자'가 거리를 활보하며 행인들에게 치료 프로그램을 배포하는 '바이러스 박멸 캠페인'을 벌인 것이다. 이는 실수를 공개적으로 인정하는 동시에 기발한 이벤트를 활용하여 고객에게 재미를 주고 관심까지 환기하는 좋은 방법이었다.

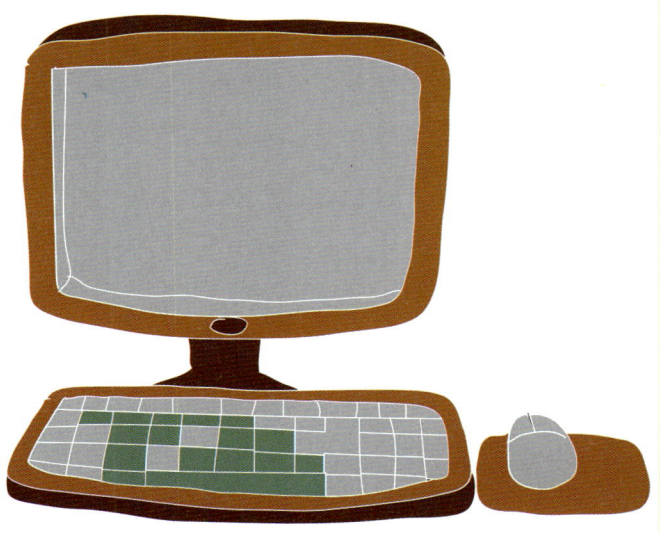

빛나는 아이디어를 통해 고객의 꾸준한 사랑을 받고 있는 글로벌 **브랜드 사례 2**

코카콜라,
빨간 산타와 하얀 북극곰

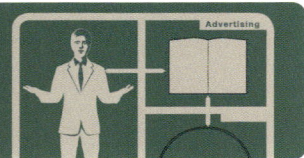

콧대 높기로 유명한 프랑스 친구들과 대화를 나누다가 미국에 관한 험담이 나왔을 때의 일이다. 한 친구가 말했다.

"도대체 미국에 자기 나라 음식이 뭐 있어? 코카콜라?"

그만큼 코카콜라는 미국이라는 '역사와 전통이 없는 나라'에 몇 안 되는 전통과 문화로 자리를 잡았으면서도 늙지 않고 영원히 젊은 브랜드로 군림하고 있다. 인터브랜드Interbrand에서 매년 발표하는 브랜드 가치 순위에서 부동의 1위를 차지하고 있는 코카콜라의 브랜드 가치는 한화로 80조 원 정도라고 한다.

농사밖에 모르는 시골 양반들도 IBM이나 마이크로소프트는 몰라도 코카콜라는 알고 있다. 읽을 수는 없지만 빨간 바탕에 구불구불한 하얀 글씨를 보면 '아 코카콜라구나!'라는 생각을 하게 된다. 브랜드 인지도와 브랜드 재인이 동시에 높기 때문에 '콜라=코카콜라'라는 연상도 자연스럽다. 이처럼 코카콜라는 확고한 브랜드 자산(브랜드 부착 여부가 매출이나 구매 증대에 유의미한 영향을 미침) 및 브랜드 아이덴티티를 구축하기 위해서 효율적이고 독특하며 강력한 브랜드 요소들을 사용하고 있다. 코카콜라는 어떤 브랜드 요소들을 사용하고 있고, 그것이 소비자들에게 어떻게 각인되었는지를 살펴보자.

브랜드명과 유아르엘(URL)

1886년 애틀랜타의 약제사인 펨버턴John Pemberton이 코카의 잎, 콜라의 열매, 카페인을 주원료로 하여 만든 음료가 바로 코카콜라다. 후에 약제사인 캔들러Asa Griggs Candler가 제조 및 판매권을 매입하여 1919년 현재의 회사 조직을 만들고 청량음료로 판매를 개시했다. 제품 이름 자체가 브랜드명이 되었기 때문에, 브랜드명 연상과 재인이 쉽고 기억하기가 쉽다. C가 연속적으로 들어가기 때문에 리듬감도 있다. 이 회사의 유아르엘http://www.coca-cola.com 역시 제품명을 그대로 사용하고 있어 찾기가 쉽다는 장점을 지닌다.

로고와 심벌

좋은 브랜드 로고는 소비자들에게 친숙하면서도 동시에 식상해지지 않는 것이어야 한다. 또한 해당 제품이나 기업의 이미지를 강력하게 나타내는 것이어야 한다. 코카콜라의 경우가 바로 그렇다. 코카콜라의 로고는 알아보기가 쉽고, 제품의 성격을 잘 보여준다. 코카콜라의 대표색인 빨간색 바탕에 하얀색으로 쓰인 제품명에는 리듬감과 주체할 수 없는 즐거움의 감정이 들어 있다. 빨강은 열정, 사랑, 힘, 희열, 즐거움, 젊음, 미국적임, 행복 등을 상징하는 색이므로 회사가 표현하고자 하는 브랜드 아이덴티티가 로고를 통해 적

절히 드러나고 있는 셈이다. 여성의 몸을 표현한 것이라고도 알려진 코카콜라의 병은 한 손에 잡히고 쉽게 미끄러지지 않도록 디자인되어 있다. 다른 브랜드와 차별화되면서도 식상하지 않고, 유행을 타지 않는 이런 심벌들이 바뀌지 않고 꾸준히 사용되고 있기 때문에, 코카콜라가 우리에게 강력한 브랜드 이미지를 심어줄 수 있는 이유가 된다.

로고는 브랜드가 가지고 있는 아이덴티티를 대변하는 것이다. 코카콜라의 아이덴티티인 '즐거움, 젊음, 미국적임, 행복'이 이 제품의 로고에 모두 들어 있다.

캐릭터

역사적으로 볼 때 코카콜라는 시즌별로 다양한 마케팅 전략을 진행해왔다. 봄에는 부활절을 주제로, 여름에는 무더위 속의 상쾌함과 원기 회복을 주제로 내세우는 식이다. 코카콜라의 이런 계절별 마케팅 전략은 마침내 산타클로스를 등장시킨 광고 아이디어로 이어졌다.

1931년 이후 코카콜라는 크리스마스와 동의어가 되었다. 코카콜라만 산타클로스를 자사의 광고 모델로 내세운 건 아니었지만, 모든 사람들에게 브랜드의 대표 이미지로 각인될 만큼 강력한 연관성을 획득한 경우는 없었다. 코카콜라와 산타클로스의 만남은 폭발적인 호응을 불러오며 '전설적인 광고'에 등극했다.

모든 사람이 사랑하는 귀엽고 포동포동한 북극곰 역시, 코카콜라의 대표적인 심벌이다. 사실 북극곰은 코카콜라와 아무런 관련성이 없지만, 마케팅과 광고 커뮤니케이션에 의해 '북극곰=코카콜라'라는 연상을 이끌어내는 데 성공했다. 모든 연령대가 두루 즐기는 음료인 만큼, 코카콜라의 심벌은 누구에게나 사랑받을 수 있도록 친근하고 귀여운 이미지여야 했다. 북극곰 이미지는 이 이미지에 정확히 들어맞았고, 북극곰의 친근하고 귀엽고 사랑스러운 이미지가 코카콜라로 전이되면서, 코카콜라의 아이덴티티를 한층 견고하게 해주었다.

슬로건

    1886 – Drink Coca-Cola

    1887 – Delicious! Refreshing! Invigorating! Exhilarating!

    1904 – Delicious and refreshing

              ……

    1937 – America's favorite moment

    1986 – Red White & You

    1993 – Always Coca-Cola

2000 – Enjoy

2001 – Life tastes good

2003 – Real

2005 – Make It Real

2006 – The Coke Side of Life

2007 – Live on the Coke Side of Life

2009 – Open Happiness

2010 – Twist The Cap To Refreshness

슬로건은 강력하고 확고하게 브랜드 아이덴티티를 설명한다. 코카콜라는 1886년 브랜드의 시작과 함께 음료 제품의 POP_{point of parity, 유사 제품군과 공유하는 성질}인 'delicious'과 'drink'을 강조한다. 또한 다른 음료와는 차별화하기 위하여 콜라라는 탄산음료의 POD_{point of different, 유사 제품군과 차별화되는 성질}인 'refreshing'을 강조한다. POP과 POD를 동시에 부각하며 초기 브랜드 아이덴티티를 확립했다.

제2차 세계대전을 거치면서 미군들의 사기 진작을 위해 전 세계 60여 국에 코카콜라 공장이 세워지게 되었다. 이를 계기로 코카콜라는 전 세계에 알려질 수 있게 되었는데 이때부터 '미국적임'을 강조하는 슬로건이 등장한다. 이후 강력한 라이벌인 펩시콜라와의 차별성을 강조하기 위하여 2003년에는 그들만의 POD인 'real'을 강조하지만, 2004년 펩시콜라는 전체 매출에서 73억 달러 차이로 코카콜라를 앞지른다. 물론 이는 세계적으로 불었던 웰빙 붐에 펩시가 조금 더 재빠르게 적응하여 게토레이 등을 인수하는 데 힘입은 결과

였으므로 새로운 슬로건의 문제는 아니었다. 그렇기 때문에 코카콜라는 2005년에도 'real'을 슬로건으로 내세웠다. 웰빙과 같은 삶의 질이 중요해진 2005년 이후로는 'life', 'happiness' 등 시대와 조응하는 슬로건들을 내세우고 있다.

하지만 여전히 코카콜라의 슬로건이 강조하는 핵심 아이덴티티는 'delicious'와 'refresh'다. 일단 맛있고, 소비자들에게 휴식과 즐거움을 제공하는 음료라는 것이다. 우리는 신나는 순간, 누군가의 혹은 나의 생일 파티에, 즐거운 순간, 짜릿한 순간, '콜라의 짜릿함'을 떠올린다. 다른 어떤 음료도 대신할 수 없는 톡톡 터지는 탄산의 청량감이 하나의 감정이 된 것이다. 그리고 그 감정은 펩시가 따라가지 못한 코카콜라만의 독특한 브랜드 이미지로 굳어져 '코카콜라스러운' 기분을 창조했다.

패키지

코카콜라는 그들의 대표 색인 빨간색과 하얀색을 이용한 패키지를 선보여 왔다. 그러나 '다이어트콜라'가 지나치게 여성적인 이미지를 내세워 남성 고객들이 현저하게 줄어들었다. 그도 그럴 것이, 음식점에서 남자가 "다이어트 콜라요"라고 말하는 것은 어쩐지 이상해 보였기 때문이다.

그래서 코카콜라는 기존에 음료수 포장에는 활용하지 않았던 검은색을 배경색으로 활용하고 제품명도 다이어트콜라에서 '코카콜라제로'로 바꾸어 재

출시했다. 남성을 상징하는 검은색과, 다이어트콜라의 정체성인 0칼로리를 '제로'라는 제품명에 담아 남녀 모두에게 코카콜라의 브랜드 아이덴티티를 재확인시키는 계기가 되었다.

튼튼한 브랜드 아이덴티티를 형성하기 위해서는 세 가지 조건이 필요하다. 브랜드와의 적합성, 차별성, 관련성이다. 적합성이란 기업에서 갖기를 원하는 목표 이미지를 주장할 때, 이를 뒷받침하는 브랜드 자산 요소가 기업에 갖추어져야 한다는 것이다. 차별성이란 기업의 브랜드 자산 요소가 경쟁사보다 차별적이어야 한다는 것이고, 관련성은 기업의 브랜드가 어떤 부류의 고객과 관련이 있는가를 살펴보는 것이다. 위에서 살펴본 코카콜라의 브랜드 요소를 통해 코카콜라가 이 세 가지 특성을 충족시키고 있는지 확인해보자.

전반적인 코카콜라의 슬로건들이 브랜드가 지니는 가치를 잘 나타내주고 있었고 브랜드 아이덴티티를 대변할 수 있었기 때문에 적합성 요소가 충족되었다. 코카콜라가 추구하는 친근하고 사랑스러운 이미지는 산타클로스나 북극곰 캐릭터를 통해서 구축되어 차별성을 지녔고, 이것은 특히 'real'과 같은 슬로건을 통해서 강조되고 있다. 또한 클래식, 다이어트, 제로 등 다양한 부류의 고객들을 타깃으로 한 제품들로 고객과 제품 간의 관련성을 높였다.

  시대를 앞지르는 첨단 산업도, 다양한 포트폴리오를 아우르는 산업도 아닌 음료 산업에서 브랜드 하나로 몇 년째 세계 최고로서 군림하는 코카콜라의 비결은 바로 브랜드의 핵심 아이덴티티를 다양한 요소를 통해 적극적으로 홍보하고 소비자들과 소통하는 힘이 아닐까 한다. 자칫 싫증날 수 있는 음료수를 오랫동안 전 세계인에게서 사랑받는 음료수로 만들어낸 힘, 하나의 브랜드를 세상에서 가장 강력한 고유명사로 군림하게 만든 힘, 이 힘들은 바로 창의력에 있었다.

빛나는 아이디어를 통해 고객의 꾸준한 사랑을 받고 있는 글로벌 **브랜드 사례 3**

네슬레, 전 세계인의 컵 속에

1860년대 유럽에서는 영양 부족 등의 이유로 산모의 모유가 나오지 않아 아이들이 영양실조로 죽는 일이 많았다. 당시에 이를 안타깝게 여긴 스위스의 약사이자 화학자였던 앙리 네슬레Henri Nestlé는 모유를 대신할 가루우유를 개발하기 시작했다. 이처럼 네슬레의 유아식은 모유를 먹일 수 없는 어머니를 위해 개발되었다. 그 후 네슬레는 새 둥지로 로고를 만들었는데, 누군가 스위스의 상징인 십자가로 바꾸자고 제안해왔다. 그러나 십자가는 누구나 사용할 수 있지만 새 둥지는 아무나 사용할 수 없다는 생각에서 브랜드 로고의 유일한 성격을 강조하며 지금의 로고를 지켜나갔다. 네슬레의 새 둥지 로고는 네슬레의 따뜻한 기업 이념을 보여주면서도 다국적 기업으로서의 로고로 확장 사용되어도 손색이 없다.

현재 네슬레는 전 세계 86개국에 약 500여 개의 생산 시설을 두고 있으며 28만여 명의 직원을 고용하고 있는 세계 최대의 식품 회사다. 어머니의 마음을 헤아린 데서 시작한 회사가 지금과 같은 규모의 글로벌 기업으로 성장할 수

있었던 힘은 무엇이었을까? 브랜드 자산을 충실하게 키워왔기 때문이다. 그렇다면 브랜드 자산이란 무엇인가?

　브랜드 자산은 브랜드 인지도와 브랜드 이미지로 구성되어 있다. 브랜드 인지도 가운데서도 브랜드 재인을 높이는 것은 광고 노출을 늘려 쉽게 달성할 수 있지만, 브랜드 회상을 높이는 일은 쉽지 않다. '음료'라고 했을 때 곧바로 네슬레가 떠오르게 하기 위해서는, 브랜드가 전형성과 함께 호감 가는 이미지를 지녀야 하기 때문이다.

　브랜드 이미지에는 제품과 직접 관련된 연상과 제품과 관련이 없는 연상으로 구성된다. 애플의 아이팟을 예로 들면, 제품과 직접 관련된 연상에는 첨단 기기인 동시에 즐거운 이미지가 있고, 제품과 직접 관련이 없는 연상에는 스티브 잡스와 같은 혁신적인 CEO가 있다. 네슬레의 경우에도 긍정적인 브랜드 이미지를 형성하여 브랜드 인지도를 높이는 방식으로 튼튼한 브랜드 자산을 구축할 수 있었다.

　'긍정적인 브랜드 이미지'란 강력하고strong, 호감 가고favorable, 독특한 연상unique association을 일으켜야 한다. 네슬레는 첨단 제품이나 고가의 사치품이 아니었으므로 품질, 편의성, 소비자 만족도 부문에서 강한 연상을 끌어들일 전략을 구축해야 했다.

　아무리 좋은 브랜드라도 상품의 품질이 뒷받침되지 않으면 브랜드는 몰락하기 마련이라는 점을 네슬레는 알고 있었다. 게다가 그 브랜드가 식품일 경우에는 더욱더 그러할 것이라 여겼다. 왜냐하면 세계 소비자들은 서로 다양한 음식 문화를 가지고 있고, 제각기 다른 '입맛'이 쉽게 변하지 않기 때문이다. 네슬레는 각국의 이질적인 시장의 변화를 파악해 전 세계에 통용될 수 있는 '글로벌 브랜드 전략'을 택했다. 모든 문제의 핵심은 브랜드에 있다는 브랜드 중심 철학이 시작된 것이다.

우선 기업에서 생산하는 모든 제품의 품질에 대한 신뢰성을 높이고, 네슬레라는 기업 브랜드에 소비자가 믿고 선택할 수 있도록 신뢰나 품질 보장 등의 가치를 더했다. 한편 다양한 개별 제품 브랜드를 통해서 식품 카테고리별로 튼튼한 포트폴리오를 구축했다. 네스퀵, 테이스터스 초이스, 네스티, 커피메이트 등의 개별 브랜드를 통해서 다양한 소비자들의 취향과 개성을 만족시킬 수 있도록 했다. 기업 브랜드 전략과 제품 브랜드 전략의 균형을 통한 시너지 효과를 창출한 것이다.

네슬레의 브랜드 통합 관리는 브랜드 간 상호 연관성을 증대시켜 앞서 언급한 긍정적인 브랜드 이미지를 심어주었다. 자신의 브랜드에 대한 철저한 고찰과 관찰이 있었기 때문에, 자신들과 가장 적합한 아이덴티티를 구축하여 소비자와 소통할 수 있었던 것이다.

기업 브랜드는 어떤 역할을 수행해야 할까? 앞서 말했듯 기업 브랜드는 기업 이미지를 형성하고, 기업의 명성을 높이고, 기업의 문화를 전파해야 한다. 기업 이미지는 제품이나 광고 커뮤니케이션 등을 통해 형성될 수 있고, 기업

의 명성은 경영의 질, 제품의 질, 혁신성, 재무적 건전성, 사회적·환경적 책임을 통해서 높일 수 있다. '문화가 아침식사로 전략을 먹고 있다'라는 말은 포드 자동차 회사의 전략 회의실에 붙어 있는 문구다. 기업 문화가 변화를 창출할 수 있고, 기업 문화 자체가 기업의 전략에 있어 가장 중요함을 시사하고 있다. 이처럼 기업 브랜드의 3요소인 이미지, 명성, 문화가 맞물려 돌아갈 때, 기업 브랜드의 기본 축을 형성할 수 있다.

네슬레의 기업 브랜드 철학은 '전 세계 소비자들에게 최고의 식품을 제공하여 그들의 삶의 질을 높인다'였다. 그러기 위해서는 다국적 생산 라인이 필요했으므로 인수 합병을 적극적으로 활용하기 시작했다. 1866년에는 연유 회사인 앵글로스위스Anglo-Swiss를 인수하여 연유 제품을 개시했고, 1904년에는 초콜릿 제조 회사를, 1947년에는 인스턴트 완두콩 회사를 인수했다. 제2차 세계대전으로 유제품과 가공 식품 수요가 늘어나 미국에 있는 공장을 사들인 결과, 전쟁이 끝난 후 네슬레의 생산량은 1914년의 두 배 이상을 기록한다. 이후에도 네슬레는 1950년에는 보존 식품과 통조림 식품 제조업체 크로스앤블랙웰Crosse & Blackwell, 1963년에는 냉동식품 회사 핀더스Findus, 1971년에는 스토우퍼스Stouffer's 냉동식품 회사를 인수했다. 1985년 커피크리머 회사 카네이션Carnation, 1992년 음료업체 페리에Perrier, 1994년 애완동물 사료업체 알포Alpo,

1997년 이탈리아 미네랄워터 회사 산 펠레그리노San Pellegrino, 1998년 영국의 스필러스 펫푸드Spillers Petfoods 등, 지금까지도 네슬레의 합병은 계속되고 있다.

네슬레는 기업 특징으로 적극성, 융통성을 내세웠다. 네슬레가 세계화에 성공할 수 있었던 비결에는 적극적인 현지화와 인적 자원의 세계화가 있었다. 네슬레 현지화 전략의 대표적인 사례는 한국의 테이스터스 초이스에서 찾을 수 있다. 향과 맛, 두 가지 모두를 중시하는 한국 소비자들을 위해 세계 최초로 VAXVacuum Aroma Extraction 공법을 도입한 제품을 한국에서 출시한 것이다. 인적 자원의 세계화는 네슬레의 최고 경영진 아홉 명 중 스위스 출신이 한 명도 없는 것에서 단적으로 드러난다. 다국적 기업의 특징이 선명하게 드러나는 대목이다.

네슬레의 기업 브랜드는 '인간의 신체를 건강하게 할 뿐 아니라, 정신적인 즐거움까지 주는 기업'이라는 포지셔닝 전략을 취했다. 이를 위해 소비자들에게 '신뢰'를 주는 이미지를 기반으로 삼았다.

네슬레는 '우리 회사 제품 쓰지 마세요'라는 파격적인 광고 문구로 분유업계에서 화제를 모았습니다. 분유 시장에 진출하면서 '아기에게 가장 좋은 것은 엄마의 모유입니다'라는 카피로 소비자들에게 신뢰를 준, 네슬레의 브랜드 포지셔닝이 돋보이는 마케팅 전략이었다.

자신의 브랜드에 대한 철저한 고민과 성찰을 통해 브랜드 아이덴티티를 구축하고, 그렇게 구축된 이미지를 다양한 전략을 통하여 소비자와 소통하고자 했던 네슬레. 그런 자세 덕분에 네슬레가 전 세계인의 컵 속에 담긴 식품 브랜드가 된 것이 아닐까?

빛나는 아이디어를 통해 고객의 꾸준한 사랑을 받고 있는 글로벌 **브랜드 사례 4**

라스베이거스,
사막에서 낙원으로

환상적인 분위기가 매력적인 도시, 두바이가 벤치마킹한 꿈의 도시, 사막 한가운데 라스베이거스를 창조한 원동력은 상상력이라고 할 수 있다.

라스베이거스의 첫 번째 상상력은 도박에 대한 고정관념을 탈피하고 도박을 '효자 비즈니스'로 변화시킨 것이다. 카지노를 철저히 감사하여 비리를 없앴고 마피아를 소탕했다. 나아가 카지노 비즈니스를 타 지역에까지 확산시켜 현재는 48개 주에서 카지노를 운영하고 있다.

매일 밤 불야성을 이루는 한 라스베이거스 호텔의 도박장 전경

라스베이거스의 두 번째 상상력은 카지노의 도시를 '컨벤션의 도시'로 변화시킨 것이다. 작년 한 해 동안 세계 최대 가전 전시회인 국제전자제품박람회CES 등을 포함한 2만 2,000여 회의 컨벤션을 개최했으며 2004년부터는 컨벤션 매출이 카지노 매출을 추월하기 시작했다. 컨벤션의 도시로 재탄생한 라스베이거스는 주중에는 컨벤션, 주말에는 카지노를 방문하는 고객층이 구분되어 상호 보완적 관계를 구축했다. 이런 시너지 효과로 호텔 객실 점유율은 86%를 유지하며 미국 최고치를 기록하고 있다.

라스베이거스의 세 번째 상상력은 '가장 살고 싶은 도시, 라스베이거스'를 탄생시킨 것이다. 철저하게 계산된 주택 개발 마스터 플랜을 통해 거리의 외관을 관리하고, 낮은 세율과 범죄율, 희망적인 고용 전망, 다양한 문화·위락 시설, 쾌적한 기후 등이 어우러져 모든 사람들이 살고 싶어 하는 주거 지역을 형성했다. 특히 한가로운 노후를 꿈꾸는 사람들에게 새로운 삶을 약속하며 노년층을 사로잡았다.

라스베이거스의 공중부상열차

빛나는 아이디어를 통해 고객의 꾸준한 사랑을 받고 있는 글로벌 **브랜드 사례 5**

스와치, 시계는 패션이다

스위스는 1970년대 중반까지만 해도 난공불락의 요새로 군림하며 세계 시계시장의 3분의 1을 차지했다. 그러나 1970년대 후반부터 일본과 홍콩의 공장 조립식 저가 시계가 등장하면서 그 지위를 위협하여 스위스 시계 매출이 10년 사이 반으로 줄고 말았다.

니콜라스 하이에크Nicolas G. Hayek는 스위스 시계 산업 위기에 대한 해법을 제시한「하이에크 리포트」를 작성했다. 하이에크의 조사를 통해 아직도 스위스 시계가 최고라는 인식이 남아 있다는 사실과 저가 시장을 공략해야 한다는 결론을 얻었다. 전체 시계 매출의 90%가 저가 제품이 차지하고 있었기 때문이다.

물론 반대 의견도 있었다. 스위스 시계의 고급스러운 이미지가 훼손될 수도 있었고, 비싼 인건비로 저가 시계를 만들기가 어려웠기 때문이다. 하지만 하이에크는 투자자와 함께 회사 주식의 51%를 매수하여 경영권을 장악했고 스와치Swatch 그룹을 탄생시켰다.

1979년 스와치는 딜리리엄Delirium을 출시했다. 90여 개의 부품을 51개로 최소화했으며 디자인에 현대 예술, 문화, 라이프 스타일을 반영했다. 또한 케이스에 부품을 조립하는 공정 혁신을 시도했다. 제품의 진열 기간은 3개월에서 1년 미만으로, 같은 제품을 다시 출시하는 경우는 없었다.

스와치는 화려한 색상과 디자인으로 패션을 뛰어넘을 정도였다. 1983년 이후 스와치 디자인 연구소에서 제작되는 제품은 테마별로 모델명이 부여되었으며 기간 한정으로 제작되었다. 모델명이 브레이크댄스Breakdance라는 제품은 미국에서 무려 9,900개가 판매되었고 라임라이트Limelight는 숫자판에 다이아몬드 4개를 부착하기도 했다.

스와치는 '시계는 기능이 아닌 패션이다'라는 일관성을 유지했다. 이렇게 한 걸음 앞선 패션 감각을 제품 디자인에 녹여내는 것이 이들의 성공 요인이라 하겠다.

빛나는 아이디어를 통해 고객의 꾸준한 사랑을 받고 있는 글로벌 **브랜드 사례 6**

아이디오(IDEO),
관찰의 힘을 믿는 디자인 컨설팅 회사

의식주에서 디자인이 발견되지 않는 곳은 없다. 옛말에도 보기 좋은 떡이 먹기도 좋고 이왕이면 다홍치마라 했지만, 요즘처럼 인간의 모든 생활 속에서 디자인이 중요한 척도가 되었던 시기는 일찍 없었다. 매일 물을 따라 마시는 물 컵, 교통카드, 심지어 면봉까지도 디자이너의 섬세한 관찰과 노력으로 탄생한다.

20세기까지만 해도 생소하던 산업디자인이라는 분야와 산업디자이너라는 전문 직종이 등장했고 필립 스탁 Philippe Starck, 마크 뉴슨 Marc Newson, 아릭 레비 Arik Levy 와 같은 3대 산업디자이너들은 이름만으로도 기업을 뛰어넘는 영향력을 지니고 있다. 이들 가운데 필립 스탁은 레몬 과즙기부터 레스토랑까지 모든 것을 디자인하는 산업디자인계의 전설로서, 그가 인테리어를 담당하는 레스토랑은 모두 이른바 잇 플레이스 it place 로 각광받고 만드는 제품은 모두 잇 아이템 it item 으로 떠오른다.

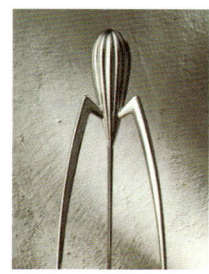

필립스탁이 디자인한 레몬 착즙기

파리 레스토랑 Kong

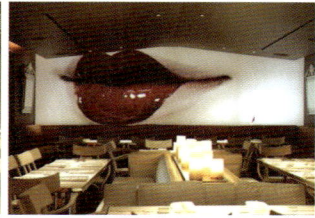

LA 일식집

브랜드는 아이디어를 먹고산다

이렇게 디자인을 빼놓고 이야기할 수 없는 세상에서, 이쑤시개 꽂이마저 디자인 아이템으로 등장하는 세상에서, 디자인과 관련된 회사 가운데 가장 높은 수익을 내는 회사인 아이디오의 전략들은 창의적이고 창조적인 생각을 가능케 하는 힘을 배우기에 최적일 것이다.

디자인 회사 아이디오는 1978년 스탠포드 대학교를 졸업한 네 명의 디자이너들이 일을 놀이처럼 생각하는 회사 분위기를 만들자는 목적으로 만든 디자인 회사다. 《비즈니스위크 Businessweek》는 이 회사에 10년 연속 산업디자인 대상을 수여했고, 《월스트리트저널 The Wall Street Journal》은 이 회사의 사무실을 일컬어 "상상의 놀이터"라고 했다.

사무실에 걸어놓은 특허증들　　　　아이디오 사무실 내부 전경

이해는 시장, 고객, 기술적 문제에 관한 제약을 파악하는 것이다. 관찰은 사람들을 진짜 움직이는 힘을 알아내기 위한 과정이다. 시각화는 처음 선보이는 콘셉트와 그 콘셉트의 타깃이 될 고객을 아바타의 형태로 이미지화한 자료로 구성하는 작업을 말한다. 평가하고 다듬는다는 것은 시제품을 신속하게 만들어 평가하고 수정·보완함을 말하며, 최종 단계의 실천은 앞선 과정들을 통해서 도출해낸 결과물을 현실화하는 것이다.

창의적인 디자인이라는 것은 결과가 어떻든 시작은 늘 관찰에서 출발한다. 소비자의 입장에서, 다양한 상황 속에서 주의 깊게 살펴보는 힘은 대상의 안밖에서 모든 상황을 고려하여 스스로 관리할 수 있도록 해준다. 하지만 관찰이 지루해서는 안 된다. 관찰 속에서 발견한 재미가 제품 디자인에도 녹아들어 제품을 사용할 고객들에게도 즐거움을 줄 수 있기 때문이다. 디자인은 생활을 더 재밌게 만들어주는 것이어야 한다. 기발한 것, 창의적인 것을 만들어내려는 강박관념에서 벗어나 좀 더 생활을 뽀드득 빛내줄 아이디어를 발견해야 한다. 아이디오의 이런 자세와 조직 문화는 그들의 디자인에 기대를 걸게 하고, 또 결국에는 시대를 앞서 나가는 디자인이 되게 한다.

빛나는 아이디어를 통해 고객의 꾸준한 사랑을 받고 있는 글로벌 **브랜드 사례 7**

3M의 이노베이션 매니지먼트

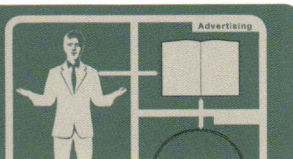

채광 사업에 실패한 광산 회사에서 혁신의 아이콘으로!

1902년, 사업에는 문외한인 의사, 변호사, 철도회사 간부 두 명, 정육점 관리자가 뭉쳤다. 이들이 각각 1,000달러씩 출자하고, 다른 투자 희망자들을 끌어들여 사포砂布의 연마재로 사용되는 광석인 강옥鋼玉을 채취하기 위한 광산 회사를 설립했다. 이것이 3M Minnesota Mining and Manufacturing Company의 시작이었다. 이들이 채굴한 것이 저급 유사품으로 판명이 나자 창업 동지들은 뿔뿔이 흩어지고, 오버 E. B. Ober와 오드웨이 L. P. Ordway 두 명만이 남아 회사와 운명을 같이 하기로 했다.

두 사람은 회사를 살리기 위해 사포 제조에 착수하기로 하고 1910년 현재의 본사 사옥이 있는 세인트 폴로 공장을 이전했다. 파산 직전의 회사를 살리기 위해 오버는 11년 동안 자기 월급을 한 푼도 챙기지 않았으며, 오드웨이는 23만 달러를 계속 투자했다. 두 사람의 헌신적인 노력과 미국 중서부 가구공장의 사포 수요, 그리고 미국의 고도성장에 힘입어 회사는 차츰 자리를 잡아갔다.

지방의 작은 사포 제조업체였던 3M을 세계적인 회사로 키운 사람은 윌리엄 맥나이트 William L. McKnight였다. 그는 1929년부터 1949년까지 20년간 사장으로 재임했으며, 그 후 1966년까지 회장으로 3M을 경영했다. 1910년 입사 당시 맥나이트는 사우스 다코다의 농장에서 일하던 청년이었는데, 주급 10.5달러의 경리사원으로 3M에 채용되었다. 몇 년 후 판매관리자로 승진한 맥나이트는 고객이 안고 있는 문제점들을 이해하기 위해서는 영업사원들이 제품을 판매하는 곳이 아니라 제품이 실제로 사용되는 곳을 찾아다녀야 한다는 것을 강조했다.

이러한 맥나이트의 고객 밀착형 관리는 큰 결실을 보았다. 자동차 차체공장 작업자들의 어려움은 작업 대상물의 표면이 평면이 아니고 오목한 부분들이 있어 기존의 뻣뻣한 사포로는 제대로 연마 작업을 할 수 없다는 것이었다. 맥나이트는 500달러를 투자해서 조그마한 창고에 실험과 검사를 위한 싱크대와 접착욕조를 만들었는데, 이것이 바로 3M 최초의 실험실이 되었다. 수개월 간의 실험 끝에 3M은 천으로 되어 유연성이 있는 사포인 쓰리엠-아이트 3M-lte를 개발했다. 이 제품의 성공으로 3M은 처음으로 이익배당을 실시할 수 있었다.

아이디어를 죽이지 말라

1922년 3M의 발명가였던 오키Francis G. Okie는 사포의 판매를 획기적으로 높일 수 있는 방법을 찾기 위해 골몰하던 중 기발한 생각이 떠올랐다. 날카로운 면도날 대신 사포로 면도할 수는 없을까? 예리한 면도날에 베이는 위험을 감수하는 대신 사포로 얼굴을 문지르면 어떨까? 오키는 자신의 얼굴을 사포로 문지르는 일을 계속 반복했지만 그의 아이디어는 빛을 보지 못했다. 그러나 한 가지 놀라운 사실은 오키가 이렇게 엉뚱한 일을 밀고 나갈 수 있었던 자유로운 사내 분위기였다. 대부분의 다른 회사들과는 달리 3M은 예나 지금이나 새로운 아이디어에 대해 매우 관대하다. 이것은 자유분방한 창의적 사고가 언젠가는 큰 보상을 가져다준다는 3M의 확고한 믿음을 반영하는 것이다. 결국 오키는 웻오드라이Wet-or-dry라는 방수 사포를 개발하여 회사에 엄청난 수익을 안겨다 주었다. 이 방수 사포는 연마 품질을 향상시킬 뿐 아니라 연마가루의 비산飛散을 대폭 줄일 수 있었기 때문에 만성적인 직업병의 예방에도 크게 기여했다.

기독교에는 모세의 10계명이 있지만 3M에는 한 가지 계명이 더 있다고 흔히들 이야기한다. '아이디어를 죽이지 말라'는 것이 바로 그것이다. 3M에서는 어떠한 아이디어라도 확실한 반증 자료가 없는 한 최고경영자를 포함한 그 어느 누구라도 함부로 무시하거나 묵살할 수 없다는 것이 불문율이다. 이러한 불문율이 생기게 된 유명한 일화가 있다.

1920년대의 일이다. 맥나이트가 사내의 연구실들을 방문하던 중 드루Richard G. Drew라는 젊은 직원을 만나게 되었다. 그는 원래 밴조banjo 전문 연주자였는데, 통신교육을 통해 공학을 공부한 덕분에 품질관리 부서에 자리를 얻을 수 있었다. 실험실에서 그가 하고 있던 일이 자신의 직무와 상관없는 일이라고 생각한 맥나이트가 드루에게 "지금 무엇을 하고 있는가?"라고 물었을 때 드루가 대답한 내용은 다음과 같았다.

드루가 어떤 자동차 차체공장을 방문했을 때 도색공들이 아주 상스러운 욕설을 퍼붓고 있는 것을 들었다. 당시에는 두 가지 색상을 이용한 투톤two-tone 컬러의 자동차가 유행하고 있었다. 도색공들은 한 가지 색을 칠하는 동안 나머지 색을 칠할 부분을 종이로 가려야 했는데 이 종이를 붙이는 데 쓰이는 테이프의 접착력이 너무 강해서 떼는 과정에서 페인트가 떨어지곤 했다는 것이다. 때문에 페인트가 이중으로 발려 덕지덕지 뭉치거나 경계가 또렷하게 그

어지지 않았고 제작 과정과 비용도 상승했다. 그래서 도색된 부분을 손상시키지 않도록 잘 떨어지는 테이프를 만들기 위해 여러 가지 실험을 하고 있다는 것이었다.

드루의 대답에 별다른 흥미를 느끼지 못한 맥나이트는 그것이 부질없는 일이니 당장 중단하라고 지시했다. 그러나 드루는 맥나이트의 지시를 어기고 그 일을 계속한 결과 마침내 3M의 히트상품이 된 마스킹테이프masking tape를 개발할 수 있었다. 드루의 집요한 노력이 가져다준 성과는 이에 그치지 않았다. 7억 5,000만 달러 규모의 큰 사업으로 성장한 스카치테이프Scotch tape도 그의 발명품이었다.

15% 규칙의 탄생

드루의 성공을 지켜본 맥나이트는 한 가지 중요한 사실을 깨달았다.

'창의적이고 혁신적인 사람을 관리하는 최선의 방법은 한 걸음 비켜서서 간섭하지 않는 것이다.'

드루의 끈질긴 발명 노력과 맥나이트의 깨달음은 3M의 '15% 규칙'이 탄생하는 계기가 되었다. 기술직 종사자들은 누구라도 자기 시간의 15%를 자신이 하고 싶은 일에 할애할 수 있다. 이를테면 다른 실험실을 방문하거나, 고객을 찾아가거나 또는 다른 동료들의 문제 해결에 도움을 준다거나 할 수 있다. 이 15%의 시간은 자신의 직무와 상관없는 곳에 사용되어도 무방하나, 단 한 가지 조건이 있다면 그것이 회사에 수익을 가져다줄 수 있는 잠재적 가능성을 지닌 아이디어나 프로젝트라야 한다는 것이다. 이 시간의 사용처에 대해서는 자신의 상사를 포함하여 그 어느 누구에게도 보고할 필요가 없으며, 물론

15% 시간의 사용 경과나 그 결과도 불문不問에 부쳐진다.

사실상 15% 규칙은 3M의 전통이지, 명문화된 규정은 아니다. 또한 15%라는 비중도 대략적인 수치일 뿐 어떠한 조사나 분석을 통해 도출된 것은 아니다. 말하자면 15% 이상이라면 본업에 소홀해지기 쉬우며, 또한 그 이하라면 실효성이 적다고 생각한 것뿐이다. 그러나 이러한 전통은 3M의 혁신적 기업 문화를 형성하는 데 결정적으로 기여했다.

다음은 15% 규칙의 활용을 통해 얻은 최근의 성과 중 하나이다. 연마재 사업부에 근무하는 한 연구원은 자사가 보유하고 있는 미세복제microreplication 기술을 사포 제조에 이용하는 방법을 찾기 위해 15%의 자유 시간을 이용했다. 많은 연구와 실험 끝에 그는 사포 산업을 근본적으로 바꿀 수 있는 금속 연마용 제품을 개발했다. 미세한 구조를 가진 이 연마재를 사용하면 종래의 사포를 이용하는 것보다 연마 작업에 소요되는 시간이 훨씬 단축되고, 표면 처리 후 품질도 좋아진다. 이 신제품은 성능이 탁월했기 때문에, 곧 정밀 연마 작업의 새로운 표준으로 자리 잡게 되었다.

사내 벤처지원 제도

이노베이션을 아무리 장려하더라도 새로운 아이디어가 결실을 맺기까지는 수많은 장애물이 존재한다. 1983년 몇몇 종업원들은 15% 규칙이 있음에도 불구하고 가치 있는 프로젝트들이 실행될 수 없는 경우가 적지 않다고 불평했다. 그들의 불평은 아이디어를 실행에 옮기기 위해서는 시간적 자유뿐만 아니라 자금이 필요하다는 것이었다. 이러한 문제를 해결하기 위해 도입된 것이 제너시스 연구 지원금Genesis grants이다. 이 연구 지원금의 수혜 대상으로 결정되면 프로토타입prototype의 개발과 시장 테스트를 위한 자금으로 5만 달러까지 지원받을 수 있는데, 매년 90개의 연구 과제가 이 자금의 지원을 받는다.

제너시스 연구 지원금의 수상자 중 한 사람인 콥Sanford Cobb의 사례를 살펴보자. 3M의 광학 전문가인 그는 1983년 한 과학 컨퍼런스에 참석하여 광光파이프 기술이라는 것을 알게 되었다. 이 파이프에는 미세한 프리즘microscopic prism 같은 것들이 아로새겨져 있기 때문에 에너지의 손실이 거의 없이 먼 곳까지 빛을 반사시킬 수 있었다. 콥은 이 광파이프의 소재가 성형成形 작업이 어려워 실용성이 없는 아크릴이라는 것을 간파했고, 3M의 기술을 이용하면 무거운 아크릴 대신 유연한 플라스틱 필름으로 광파이프를 만들 수 있을 것이라고 생각했다. 그러나 당시 3M에는 조명 사업부가 없었기 때문에 그의 아이디어를 실행에 옮길 자금을 지원해줄 부서가 없었다. 따라서 콥은 제너시스 연구 지원금을 신청했고, 그의 신청이 받아들여지자 자신의 아이디어를 실현시키기 위한 연구에 착수했다.

지금은 콥이 개발한 광파이프 기술이 3M의 여러 사업부에서 광범위하게 이용되고 있다. 예를 들면 고속도로의 대형표지판에 사용되던 60~70개의 형광튜브를 400와트짜리 전구 두 개로 대체할 수 있었고, 필라델피아의 스카이라인을 바꾼 원 리버티 플라자One Liberty Plaza의 꼭대기에도 3M의 광파이프 기술이 적용되었다. 제너시스 연구 지원금으로 실현된 콥의 광파이프 기술은 연간 수억 달러의 수익을 내는 사업으로 성장했다.

거대한 모험 기업

저명한 경영 컨설턴트인 톰 피터스Tom Peters는 "3M은 비슷한 규모의 그 어떤 기업보다 훨씬 더 진취적이며, 자기 규모의 10분의 1에 불과한 소규모 기업들보다 더 모험적일 것"이라고 말한 바 있다. 관리직과 전문직의 이직률이 평균 4%에도 못 미치기 때문에 마피아보다 이직률이 더 낮다고 이야기되는 거대기업이 진취적 기업 정신을 유지하는 비결은 무엇일까?

윌리엄 맥나이트는 회장에 취임한 후 다음과 같은 내용이 포함된 경영 방침을 걸어놓았다.

'만약 경영층이 실패를 용인하지 못하고 비판적 태도를 취한다면 사원들의 창의성은 말살된다.'

최고경영자의 이러한 철학은 사원들의 애사심을 높이고 조직의 안정성을 높이는 데 큰 기여를 했다. 세인트 폴에 있는 본사 사옥은 성냥갑 같은 단조로운 벽돌 건물이지만 그 안에 있는 엔지니어들이나 마케팅 요원들은 새로운 혁신을 창출하기 위해 역동적으로 움직이고 있다. 3M 사람들이 어떻게 일하는지 살펴보자.

신제품에 대한 새로운 아이디어가 떠오르면, 이를 실천에 옮길 팀의 팀원을 모집한다. 이때 팀원은 기술, 생산, 마케팅, 판매, 필요한 경우 재무부서까지 포함한다. 이 팀은 신제품을 설계하고, 그것을 어떻게 생산하고 판매할 것인가를 계획한다. 팀원들의 승진과 보상은 자신들이 선택한 신제품 프로젝트가 난관을 헤치고 진척되는 정도에 따라 결정된다. 예를 들어 매출액이 500만 달러에 이르면 이 제품의 창안자는 프로젝트 매니저로 승진하고, 또한 2,000만~3,000만 달러 규모로 성장하면 부서장으로, 7,500만 달러 정도의 규모가 되면 별도의 사업부 책임자로 승진한다. 3M의 조직은 이런 방식으로 분화되기 때문에 규모가 커지더라도 민첩하게 움직일 수 있다.

3M의 철학은 매우 단순하다.

'프랜시스 오키와 같이 창의적 사람들을 발굴하고 그들이 하는 일에 간여하지 말라.'

3M은 이러한 철학을 규모가 커지기 훨씬 전인 사업 초창기부터 확립하고 고수해온 덕분에 고유의 혁신적 기업문화를 이루어낼 수 있었다. 이미 규모가 커진 다른 대기업들이 3M의 일부 경영관행을 모방할 수 있을지는 몰라도 이노베이션 문화 전체를 자신의 것으로 재창조하기는 매우 어려울 것이다.

잭팟
아이디어
비즈니스 전투력을 키워주는 아이디어 엔지니어링 북

1판 1쇄 인쇄   2011년 11월 1일
1판 1쇄 발행   2011년 11월 8일

지은이   김시래
펴낸이   정해종
펴낸곳   도서출판 블루닷

주소   서울시 마포구 마포동 324-3 경인빌딩 3층
전화   02)3143-7995
팩스   02)3143-7996
등록   2003년 9월 30일 제 313-2003-00324호
이메일   touchafrica@naver.com

ISBN   978-89-93255-85-0 03320
정가   14,800원

※ 잘못 만들어진 책은 구입하신 서점에서 교환해 드립니다.